Dieter Lenhardt

Midlife-crisis der Republik

EIN Presse BUCH
UEBERREUTER

CIP-Kurztitelaufnahme der Deutschen Bibliothek

Lenhardt, Dieter:
Midlife-crisis der Republik/
Dieter Lenhardt. - Wien: Ueberreuter, 1986.
ISBN 3-8000-3220-1

AU 14

Umschlag von Atelier Graupner & Partner, München

Gesamtherstellung: Carl Ueberreuter Druckerei Ges. m. b. H., Korneuburg
Printed in Austria

INHALT

EINLEITUNG 7

VOR DER KRISE 11
1. Wiederaufbau, Wirtschaftswunder und Bewußtseinswandel . 11
2. Große Koalition und kleinere Fortsetzung 16
3. Die Hypothek der Ära Kreisky 19

IN DER KRISE 30
1. Die neue Versklavung der Politik 30
   1.1 Im Griff der Medien 34
   1.2 Vorsicht, Experten! 38
   1.3 Die mißbrauchte Meinungsforschung 41
   1.4 Wozu diese Orgel? 45
2. Die grüne Auflösung der Wirtschaft 46
   2.1 Verunsicherung und frühes Leid 46
   2.2 Die traumatische Au 51
   2.3 Der Knacks im ökonomischen Bewußtsein 55
   2.4 Der Schwächeanfall der Sozialpartner 59
3. Der verlorene Respekt vor dem Recht 65
   3.1 Von der Neurose zum Ekel 65
   3.2 Die Privilegiengesellschaft 69
   3.3 Der elitäre Ungehorsam 74
   3.4 Sozial, aber unpassend 77
4. Außer Kontrolle 82
   4.1 Am Abgrund der politischen Kultur 82

DENKPAUSE 91

AUS DER KRISE 95
1. Die Staatsfrage: Mit mehr oder weniger Staat? 95
   1.1 Welcher Staat eigentlich? 95

1.2 Nicht so schwach wie möglich 98
1.3 ... aber so stark wie nötig 100
2. Die Demokratiefrage: Mit welcher Art von Demokratie? ... 104
2.1 Parlamentserneuerung an Haupt und Gliedern 104
2.2 Sonderfall Bundespräsident 109
2.3 Bitte nicht zu direkt! 111
2.4 Zwischen Schlagwort und Leben 135
3. Die Parteienfrage: Mit den alten oder mit neuen Parteien? .. 116
3.1 Die Monster 116
3.2 Verfunktioniert 120
3.3 Aufbruch oder Aufbrechen? 124
3.4 Nach der Warnung 131
3.5 Die Unentbehrlichen 134
4. Die Österreichfrage: Selbstvertrauen – was ist das? 136
4.1 Das unbekannte Wesen 136
4.2 Das zerklüftete Land 140
4.3 Die einige Nation 148

AUSBLICK 150

LITERATUR 155

EINLEITUNG

Die Krise ist unbestritten. Auch jene, die Wort und Begriff nicht mögen, sprechen bereitwillig von einer Wendezeit oder von Zeitenwende und erklären sich einverstanden damit, am »Wendepunkt einer Entwicklung« zu leben. Nichts anderes aber meint das griechische Wort »krisis«. Es herrscht heute das Gefühl vor, so könne und werde es nicht weiterlaufen, wie es momentan läuft, weder geistig noch politisch, noch wirtschaftlich. Je nach Temperament, Veranlagung und weltanschaulicher Zugehörigkeit spannt sich das Krisenbewußtsein zwischen dem einen Pol des optimistischen Aufbruchswillens ins Neue und dem anderen Pol der Untergangsstimmung. Ersterer verdrängt ein wenig den vorher notwendigen Abbruch, das Aufarbeiten der Krisentrümmer, letztere den nach genossener Höllenfahrt unfehlbar bevorstehenden Wiederbeginn.

Also Krise. Krise auch und gerade in unserem jetzigen Österreich der Zweiten Republik, da ist nur vereinzelter Widerspruch zu befürchten. Allerdings: Wann wäre nicht Krise gewesen, zumindest das Empfinden davon?

Nun läßt sich eine Grenze zwischen Krise und Nichtkrise eines Sozialkörpers freilich nicht leicht ziehen. Recht eindeutig kann man aber sagen, ob eine Entwicklung im Zeitablauf vom Früher zum Jetzt sich krisenhaft vertieft hat. Das aber war – davon und von seinen Ursachen soll ein gut Teil dieses Buches handeln – in den letzten Jahren in Österreich der Fall.

Warum aber Midlife-crisis, diese Entlehnung einer vielfach beobachteten, beschriebenen und offenbar überaus zeitgemäßen Erscheinung im Leben der Menschen unserer europäischen Kultur? Und warum der Versuch einer zusammenfassenden und doch naturgemäß lückenhaften Beschreibung?

Midlife-crisis gilt uns als abgedroschener, vom täglichen Kleingespräch längst zu Tode gespotteter, unübersetzt gebliebener Begriff. Dennoch paßt er verblüffend genau auf die jetzige Wendesituation des österreichischen Gemeinwesens, dem – nicht nur dem Staat! – die Geburtsstunde im Jahr 1945 schlug. Mitte der achtziger Jahre hat diese Zweite Republik somit ihr vierzigstes Bestandsjahr überschritten, im Menschenleben das Alter der klassischen Disposition für die Krise der Lebensmitte.

So wie der einzelne dann durchfinden muß durch die ihm mit einemmal bewußt gewordene eisige Ernüchterung, Lebensinhalt und Lebenstiefe betreffend, er also vor die Wahl gestellt ist zwischen neuerlichem Fußfassen oder endgültigem innerlich/äußerlichem Absprung – so mag es auch einem von Krisen eingesponnenen Staat ergehen: Hinter sich die im verklärenden Rückblick schöne Zeit des unreflektierten Aufbaus, der bereits sagenhaft gewordenen Hochkonjunktur, der errungenen Wohlstandsposition, der vermeintlich nur nach vorn und oben offenen fortschreitenden Entwicklung. Und plötzlich beginnt das Gebäude zusammenzusacken, es werden einem die Augen auch und gerade dafür geöffnet, wie wenig es darauf ankommt, daß es uns (fast) allen doch ohnedies prächtig geht.

Nein, das Einkommen, der Konsum, die scheinbar gesicherte Zukunft erweisen sich als erstaunlich ungewichtig; ihre Bedeutung tritt weit zurück hinter ... ja, hinter was eigentlich? Es ist uns, als vollzögen wir nach, was unsere Töchter und Söhne uns schon lange zu erklären versuchten, und als wüßten wir nicht, ob uns das Lachen näher sein soll oder das Weinen.

Aus vielen Gründen ist der staatliche Zusammenhalt loser geworden. Er hat sich auch dort aufgeweicht, wo es ans Mark geht. Das Recht als Ordnungsfaktor steht heute bereits in Frage, da der Staat den verschiedenen Versuchen, Einzelinteressen unter Mißachtung des Rechts durchzusetzen, aus unterschiedlichen Gründen mitunter nicht Paroli bieten wollte. Vom Kärntner Ortstafelkonflikt bis zur Lkw-Auffahrt auf dem Brennerpaß, von der Besetzung der Hainburger Au bis zu den jüngsten Grenzblockaden durch Bauern spannt sich da ein gefährlicher Bogen. Wir greifen die Ereignisse von Hainburg exemplarisch auf und versuchen, ihren vielen Facetten, Ursachen und Folgen gerecht zu werden.

Es versteht sich, daß die Grün-Bewegungen in dieser Krisenschau ihren besonderen Platz eingeräumt erhalten. Wer Kalauer nicht scheut, könnte sagen: Die Grünen ziehen sich wie ein roter Faden

durch das Buch. Sie sind da und dort die kritische Masse für kritische »Kettenreaktionen« gewesen, im Guten wie im Bösen, in Staat und in Wirtschaft – insofern letztere Unterscheidung heute noch sinnvoll wäre. Vielleicht sollte sie künftig wieder mehr Sinn bekommen. Es dürfte eine wesentliche Krisenursache und zugleich ein bezeichnendes Krisensymptom des heutigen Österreich sein, daß der Staat als Wirtschaftsmacht (nicht unbedingt als unternehmerische Größe) aus seinen Ufern getreten ist, während der ordnende Staat, um im Bild zu bleiben, zu einem dürftigen Rinnsal zu verkommen droht.
Das Herzstück der Darstellung ist aber wohl eine betont subjektive Kritik der Demokratie und vornehmlich der Parteien in Österreich. Es handelt sich dabei um keinen wissenschaftlichen Versuch, auch nicht um die Attacke eines Enthüllers und Sensationsmachers, sondern um die Summe der aus fünfundzwanzigjähriger journalistischer Beschäftigung gewonnenen Einsichten eines professionellen Beobachters. Mag sein, daß der Autor am Parlamentsritual einen zu strengen Maßstab anlegt oder sich von der Institution Bundespräsident weniger verspricht, als es derzeit Mode ist. Den Großparteien wird sicherlich überhaupt kein Pardon gegeben – um so weniger, als sie, schweren Herzens, als vorläufig unersetzlich und unabdingbar erkannt werden.
Nicht alles wurde von der todernsten Seite genommen, handelt es sich doch um zum Teil seltsame, ja skurrile Erscheinungen, für die das schmückende Beiwort »typisch österreichisch« gilt, und um agierende Personen, deren Ambivalenz ins Auge springt. Die meisten Krisenfaktoren sind aber im Rahmen der Zusammenschau auch beim Versuch, die Dinge da und dort ironisch zu sehen, nicht lustiger geworden.
Weil wir aber, obwohl mehr der Skepsis zugeneigt, nicht in elegischer Selbstbeklagung aufgehen sollen und wollen, halten wir uns an die andere Seite des Midlife-crisis-Begriffs. Es soll nicht nur nach Überwindung der Krise wieder bergauf gehen, sondern es stehen die Chancen durchaus gut dafür. Wie viele Menschen gehen schon in und an der Krise ihrer Lebensmitte zugrunde? Die Mehrzahl taucht geläutert, ja gestärkt und neuorientiert aus dem Tief empor. Das, um es gleich zu gestehen, war der entscheidende Grund, für diese Zusammenschau am Motto der Midlife-crisis festzuhalten: die optimistische,

die gute Aussicht aufs Wiedererstehen eines besseren Österreich, als es heute besteht, der feste Glaube an die Möglichkeit eines neuerlichen Wiederaufbaus österreichischer Art.
Sehr genau wissen wir auch, daß nicht alles, was die heutige Gesellschaft markiert, verworfen und absterbenswürdig ist. Das hellere Morgen zeichnet sich schon hinter den vielen moralischen Ruinen unserer Zeit ab, und freilich hat es ein solcher Kontrast an sich, das Dunkle noch dunkler erscheinen zu lassen.

VOR DER KRISE

1. Wiederaufbau, Wirtschaftswunder und Bewußtseinswandel

Man wird sicher nicht ohne weiteres bereit sein, sich von einem Nichthistoriker erzählen zu lassen, wie es vorher, vor der großen Krise, gewesen ist. Es halten sich auch bei mir Lust und Bereitschaft in Grenzen, das als Mittelschüler und Student am Rande, keineswegs wie später von innen, mitverfolgte politische Geschehen mitsamt dem sich wandelnden Sozialgeist aus angestrengter Erinnerung heraus zu schildern oder gar zu kommentieren.

Soviel allerdings ist dem Maturanten des Jahres 1955 aus dem Geist der fünfziger Jahre in Fleisch und Blut übergegangen: das Gefühl von kaum begrenzten Möglichkeiten, für sich selbst, für die Heimat, für die Welt; daneben sicherlich auch das Bedrohtsein in einer Welt des Kalten Kriegs; aber dann rund ums Staatsvertragsjahr das sich in einem ersten allgemeinpatriotischen Aufwallen bessernde Verhältnis zwischen jenen, die den wiedererstandenen Staat wieder nicht gewollt, und den anderen, die dieses Österreich von Anfang an bejaht hatten. Dem Aufbau hingegeben schienen alle, die dazu in der Lage waren, aus welchen egoistischen Gründen auch immer. In Österreich wurde zwar über das Wirtschaftswunderland, die Bundesrepublik Deutschland, und deren schuftend-schaffende Wunderkinder gemekkert. Aber darüber vergaß man hierzulande nicht die eigene Arbeit. Volle Leistung war die Regel, kritische Reflexion die Ausnahme.

Wer diese Zeitstimmung in sich aufgesogen und gespeichert hat, wird – hinweg über das spätere Bergauf und Bergab der Jahre zwischen 1960 und 1980 – eines sagen können und müssen: Bei allen inner- und außerösterreichischen krisenhaften Zuspitzungen existierte damals, in den fünfziger Jahren, ein Krisengefühl nur in dem Sinn, daß man die zahlreichen bedrohlichen Entwicklungen mit vorheriger Besorgnis und nachherigem Aufatmen quittierte. Die jüngeren Menschen hielten zwar Distanz zur Elterngeneration und deren Leiden bzw. Tun in den scheinbar bewältigten, tatsächlich unbewältigten dreißiger und vierziger Jahren. Aber es gab keine grundsätzliche Abwendung der Jungend von der Leistungsideologie oder jene bedingte Zustimmung, die heute Mode geworden ist. In diese Leistung hatten sich ihre Väter und Mütter geflüchtet, und in die wuchsen sie, die Jungen, nun bereitwillig hinein. Sie hegten dabei allerdings den stillen und arroganten Vorsatz, es anders und besser machen zu wollen als die Alten.

Warum so konform, so, wenn auch mit innerem Vorbehalt, anpassungsbereit? Vor allem wohl aus folgenden Gründen: Der Weg nach oben und nach vorn schien, wie gesagt, offen. Auch waren die fünfziger Jahre nur aus heutiger Sicht so revolutionär-aufregend. Damals waren sie's nur für eine winzige kulturaktive Minderheit in der Großstadt. Alle übrigen heranwachsenden Österreicher empfanden ihre eigene Jugendzeit vermutlich als eine, die an humanistischem Bildungsgut, an alten Werten festhielt. Weniger klar als im heutigen Rückblick war, daß damals zeitgeschichtliches oder gar zeitkritisches Bewußtsein scheu und unaufklärerisch eher verdrängt denn vermittelt wurden. Die Zukunftsperspektive hieß Fortschritt; wer sollte daran Anstoß nehmen? Schließlich war Fernsehen als Massenwirkungsmittel, das von familiären Bindungen abdriften läßt, noch unbekannt. Es vermittelte also weder die Informationsflut noch die Passivunterhaltung, der jung und alt heute ausgesetzt sind.

Das bisher Gesagte will nicht originell und schon gar nicht wertend, sondern nur eine zusammengeraffte Deutung der Unterschiede sein zwischen einem lange vergangenen Jahrzehnt ohne Krisenbewußtsein und dem Heute, das von diesem Bewußtsein durchsetzt ist und geschüttelt wird.

In den dazwischenliegenden zwanzig Jahren brach dann so gut wie alles nach und nach auf, was, als Paket sozusagen, uns die Midlifecrisis der mittleren achtziger Jahre beschert hat. Diese Krise ist ja eigentlich trotz ihrer vielen körperhaften Erscheinungen eher eine des kollektiven Bewußtseins. Wie erging es also den in den fünfziger Jahren Heranwachsenden, den Eltern der heutigen vom Krisenbewußtsein gezeichneten Jungen, in der sogenannten Blüte ihrer Jahre? Geschwollener gefragt: Welche Basisprozesse ihres Denkens machten sie durch? Mir scheint, wir haben in unserer Leistungsgeprägtheit die allmählich auftretenden und sich einschleichenden, jedenfalls aber einschneidenden Wandlungen im Verlauf der sechziger und siebziger Jahre geschluckt, abgefedert, verdrängt. Wir haben die lästigen Neuströmungen auf sehr gut österreichisch – so gut und so lange es ging – nicht wahrhaben wollen.

Während die Welt und mit ihr unser kleines Land ganz anders wurden, schob die familiengründende Nachkriegsgeneration die Konsequenzen dieses Anderswerdens vor sich her, indem sie in alle Fallen tappte, die der Zeitgeist aufgestellt zu haben schien. Genau diese Generation begann ihre Kinder antiautoritär zu erziehen, ohne über die Folgen dieser Abkehr von jahrtausendealter Gepflogenheit gründlich nachzudenken. Sie überließ sich und ihren Nachwuchs mehr und mehr dem zweifelhaften Genuß des Fernsehens, ohne lang zu überlegen, was Inhalt und Wesen des Fernsehzeitalters seien, das nun auf die Zivilisation zukam. Sie startete, als politisch in wachsendem Maß bestimmende Schicht, die bildungspolitischen Experimente, die schon die heutigen Schulabgänger zu formal Andersdenkenden gemacht haben, von der begonnenen Abkopplung von Bildung, bisherigem Sprachbewußtsein und historischem Gefühl ganz zu schweigen. Es war ein erstaunlicher Verdrängungswettbewerb, den die heute mit ihrer höchstpersönlichen Midlife-crisis Kämpfenden in den letzten zwanzig Jahren untereinander austrugen. Not und Hilferufe der Entwicklungsländer? Augen zu. Sich anbahnender Umsturz der Arbeitswelt durch die Mikroelektronik? Wird schon nicht so arg werden. Eine nervösere, sensiblere, scheinbar selbstsüchtigere, jedenfalls alles Herkommen abwerfende Jugend? Wird sich schon anpassen. Der eigene Materialismus, die Orientierung auf Konsum und Genuß, immer schaler werdend und auf hohlem Boden fußend? Keine Antwort. Oder eben die Midlife-crisis als Antwort.

Und nun übertragen wir in aller Ruhe diese zwanzig Jahre des großen Verdrängens aus dem privaten, familiären, gesellschaftlichen Dasein ins öffentlich-politische, und siehe da: Jeder von uns, der sich gerade über die Verallgemeinerungen des vorhergehenden Absatzes aufregen wollte, wird bereitwillig zustimmen. So war es – nicht wahr? – genau so: Schuld waren schon damals die Politiker und die Politik mit ihren Unschlüssigkeiten und ihrem mangelnden Mut, mit ihren Scheingefechten und dem Kräfteverschleiß für Nebensächliches, mit

ihrem Gewährenlassen gegenüber dem Falschen, ihrem Schielen auf das letztlich einzig wirklich Notwendige: aufs Wiedergewähltwerden. Die Frage läßt man sich ja nicht gerne stellen, ob nicht der Wähler in einer Demokratie an den Gewählten und deren Politik zumindest mitschuldig ist. Unser Gesamtzustand, unser Österreich II zu Beginn der zweiten Hälfte der achtziger Jahre könnte sehr wohl als Summe oder als Produkt von Äpfeln, Birnen und Zwetschken betrachtet werden – eine Rechnung, die im Sozialwesen zwar auch nie aufgeht, aber dort mit besserem Recht angestellt wird als in der Mathematik.
Immer wieder sind es psychologische Momente, die mehr erahnt als nachgewiesen werden können. So steckt im Ekel, den anno 1986 der Durchschnitt der gar nicht mehr so jungen Intellektuellen gegenüber der gar so verkommenen Politik zur Schau stellt, eine gehörige Portion schlechten Gewissens. Aus demselben Grund verbünden sich so viele dieser bedeutenden Leute mit der unzufriedenen Jugend, um Versäumtes holterdipolter nachzuholen, bleibe auf der Strecke, was da wolle.
Zuerst zuwenig, zu vorsichtig, zu lau, zu undeutlich; und jetzt zuviel. Wer aber dürfte wagen, die Politiker, denen alles schiefgeht, in Schutz zu nehmen vor jenen, die sie vier-, fünf-, sechsmal hintereinander gewählt haben? Man hat sogar schon Mühe, von der repräsentativen Demokratie bis zum Rechtsstaat unser Ordnungsgerüst zu verteidigen gegen jene, die vor lauter krisenhaftem Brechreiz am liebsten alles niederreißen wollen. Dabei ist, noch einmal sei's betont, nicht von der ausfransenden Jugend die Rede, sondern von äußerst etablierten und geradezu untadelig konservativen Persönlichkeiten, die freilich von der gehaßten Politik fast keinen Abstand haben; oder doch gerade nur so viel, daß sie darauf einprügeln können.
So viel als Vorgriff. So viel als Zuweisung von Teilschuld, auch eigener. Wesentlicher war aber, die krassen Zeitgeistunterschiede in den fünfziger, dann in den sechziger und siebziger Jahren und schließlich in der nunmehrigen Allgemeinkrise festzuhalten: Zunächst das eigentümlich konservative Jugenderlebnis mit bescheidensten Gegenströmungen, das meist die Jugend der heute in ihrer Lebensmitte Stehenden kennzeichnete; dann die Zeit der großen Umwälzungen, gegen die man, sofern nicht experimentierender Sozialist irgendeiner Schule, sich im Gewohnten festkrallte; endlich der mehr-

fache Dammbruch, das allgemeine und gegenseitige Eingeständnis von Untergangs- und Krisengefühl, Haltsuche im Neukonservativen oder Zertrümmerungsversuche an überlebter Politik.
Selbstverständlich ist hier immer von jenem harten bis weicheren Kern, von jenen 10 bis 30 Prozent der Österreicher die Rede, welche am größeren Gemeinwesen bewußt, mit- oder gegendenkend, wenn auch nicht immer politisch aktiv teilhaben. Der Rest verharrt. Das heißt, er gibt sich vorherrschenden Strömungen hin, denkt sich (oder auch nicht) still sein Teil und läßt sich und die anderen treiben. Das ist keine Wertung aus Elitensucht, sondern das Aussprechen von Realität, die gerne verdrängt wird.
So hat jede Krise ihre Vergangenheit. Sie kann auch, wie die unsere, eine recht skurrile Geschichte haben, wobei man nie klar differenzieren kann, welcher Teil der historischen Mixtur nun nationalen und welcher internationalen Charakters ist. Der Versuch, bestimmte soziale, geistige und politische Faktoren nebst ihren Wirkungen im Zeitablauf zu isolieren, führt vermutlich zu noch größerer Verwirrung.
Wie ist das Nachhinken Österreichs hinter Entwicklungen in den Vereinigten Staaten und in der Bundesrepublik Deutschland zu bewerten? Warum gab es in Wien so gut wie keine Achtundsechziger-Bewegung, auch später nicht, warum bekamen wir diese Bewegung, als sie schon keine mehr war, als müdes Fertigprodukt aus Deutschland? Welche Folgen hatten oder haben die mit dem Kitt schöner Sonntagsreden verschmierten Sprünge, welche die Republik von Nord nach Süd durchziehen, Ost und West immer schmerzlicher trennend – Sprünge, die ständig größer werden? Aber sind solche und ähnliche Strukturfragen angesichts übernationaler technologischer und wirtschaftlicher Umwälzungen, deren Vorhut über uns wie über andere hinweggaloppiert, nicht zweitrangig?
Kurze und präzise Antworten auf solche und ähnliche Fragen verspricht nur ein Scharlatan. Die langen und unklaren Antworten stammen von lang und unklar formulierenden Sozialwissenschaftlern und sind von geringem Allgemeinnutzen.
Unser Bericht, bisher großflächig-spekulativ, wendet sich nun dem Ende der Alten Zeit von Österreich II zu, dem Ende also der Großen Koalition. Und der Autor verwandelt sich aus einem Mutmaßer und frechen Fragensteller in einen direkten Zeugen der Politik.

2. Große Koalition und kleinere Fortsetzung

Der Beginn des Informationszeitalters in Österreich, durch die Rundfunkreform 1967 bewirkt, und das Ende der Großen Koalition 1966 fallen praktisch zusammen. Allerdings rief nicht die größte Medienrevolution der Zweiten Republik den Umbruch im Regierungssystem hervor, sondern das geänderte System quittierte endlich den sterilen Proporzrundfunk. Die Wechselbeziehungen waren aber schon damals klar, hatte doch die allgemeine Unzufriedenheit mit der von Lähmungserscheinungen gezeichneten Koalition, die sich über eine Reform ihres degenerierten und finanziell ausgebluteten Rundfunks nicht einigen konnte, zum Rundfunkvolksbegehren geführt. Dessen Erfolg, den die SPÖ unter Bruno Pittermann nicht wahrhaben wollte, war mitentscheidend für den Wahlsieg der Volkspartei unter Josef Klaus am 6. März 1966.

Die Zäsur war gewaltig. Dabei kann man gar nicht sicher sein, ob die Beendigung der Regierungszusammenarbeit der beiden Großparteien für Österreich auch nur annähernd so folgenschwer war wie die Beendigung des vorelektronischen Zeitalters.

Die Beziehungen und Entsprechungen im Vorher-Nachher zwischen Regierungs- und Informationswesen faszinierten einst den jungen Journalisten. Das hat sich auch in der zeitlich distanzierten Betrachtung nicht geändert. Als innenpolitischer Redakteur der damals auflagenstärksten Tageszeitung »Kurier« verzweifelte ich in den Jahren vor 1966 immer wieder an der Informationsabwehr der Koalition, die ihre ohnedies kaum noch vorhandene Politik unter Ausschluß der Öffentlichkeit veranstaltete. Die großen Parteien selbst waren unterschiedlich durchlässig: die ÖVP mehr, die SPÖ weniger. Der normale Staatsbürger befand sich im Vergleich zu heute in einem schweren Informationsnotstand, dürfte dies in der Regel aber mangels Vergleichsmaßstabes kaum empfunden oder begriffen haben.

Um so stärker mochten ihn daher die Nachrichten von zwei großen politischen Störfällen getroffen und gegen die sieche Politik aufgebracht haben. Die Habsburg-Krise erschütterte im Frühsommer 1963 die soeben erst nach mühsamen Verhandlungen neugebildete Koalitionsregierung bis in ihre Grundfesten. Erst ein vorläufiger Einreiseverzicht Otto Habsburgs rettete ein letztes Mal das alte Regierungssystem. Und der bis heute nicht ganz durchsichtige Fall Olah, der 1964 zu Absetzung und Parteiausschluß des mächtigen sozialistischen Innenministers führte, war es vornehmlich, der eineinhalb Jahre später die schwere Wahlniederlage der SPÖ verursachte.

Die Koalition befand sich also in einer Krise; in einer vorerst »positiven Krise«, wenn man so will, die Volkspartei; in einer zunächst negativen Krise die SPÖ. Die Krisenempfindung der Öffentlichkeit aber beschränkte sich auf die Politik im engeren Sinn. Es war auch deshalb ein eingeschränktes, mit dem heute vorherrschenden nicht vergleichbares Gefühl, weil der Österreicher selbst innerhalb der Politik über die großen Lager noch nicht hinausdachte, seine Reaktion sozusagen zweidimensional blieb: er wandte sich entweder einer der vorhandenen Parteien zu – oder davon ab.

Das Aufbegehren, sofern es stattfand, galt der großparteilichen Machtverschmelzung und -verfilzung, dem Proporz, nicht aber, wie heute, den vorhandenen Parteien und Politikern insgesamt.

Während die Informationsrevolution 1967 mit dem Blitzstart des von Grund auf neugestalteten ORF unter Gerd Bacher stattfand, in den folgenden Jahren zu einer Revolution in Permanenz erklärt wurde und in der österreichischen Medienwelt keinen Stein auf dem anderen ließ, erging es der Fortsetzung der Politik mit anderen Mitteln nicht besonders gut. Das Selbstbewußtsein der Alleinregierung Klaus reichte nicht aus gegen das konkurrierende Selbstbewußtsein der starken sozialistischen Opposition. Sosehr der 1967 als Parteivorsitzender scheidende Bruno Pittermann und sein Nachfolger Bruno Kreisky einander intern befehdeten, so stark agierten die beiden Politiker nach außen, gegen die Regierung. Pittermann gestaltete die sozialistische Nationalratsfraktion zu einem Instrument, dessen Schlagkraft weder vorher noch nachher von einem Parlamentsklub erreicht worden ist. Kreisky wiederum ließ in einer großzügigen Weise Konzepte als Alternativen zur kurzatmigen, zu allem Überfluß von einer Rezession der Weltwirtschaft getroffenen Regierungspolitik erarbeiten und verstand sie meisterhaft zu präsentieren.

Schon vor der Nationalratswahl 1970, die den Sozialisten und Bruno Kreisky die zunächst relative Mehrheit bringen sollte, begann die Widerspiegelung der österreichischen Politik im heimischen Fernse-

hen ihre gewaltige Rolle zu spielen. Von 1960 bis 1968 hatte sich die Zahl der TV-Empfänger auf mehr als 1,1 Millionen Geräte verzehnfacht. Fernsehen war damit vom Luxus für wenige zum Macht- und Massenfaktor geworden. Dieser kam der medialen Sonderbegabung Bruno Kreiskys entgegen, der prompt und nicht nur in zwei sogenannten Fernsehduellen den sonst vor Publikum durchaus charismatisch wirkenden Josef Klaus entzauberte.
Der damalige Bundeskanzler war nicht jene kleinkarierte Politikerfigur, als die ihn die sozialistische Propaganda hinstellte. Im Fernsehen aber wirkte er kleinkariert. Weder seine Aufräumpolitik, welche Rundfunkreform, neue Wohnbauförderung und ein familienfreundliches Beihilfen- und Steuerwesen realisierte, noch seine zum Teil überaus hellsichtig in die weite Zukunft orientierten Vorhaben verstand Josef Klaus plausibel zu machen. Er konnte sie nicht »verkaufen«.
Der Obmann der ÖVP fand auch unter seinen Kabinettsmitgliedern und sonstigen Mitarbeitern keinen überdurchschnittlich gewandten Verkäufer. Im Gegenteil: Sowohl der klare und harte Hermann Withalm als auch der kluge Karl Pisa kamen über den Bildschirm schlecht an, der eine wegen seines Gesichtsschnitts, der andere wegen der damals noch ungewohnten Barttracht. Daneben richteten die unabhängig und bohrend fragenden Fernsehreporter der ersten Generation unter den medial unroutinierten VP-Ministern buchstäblich Verheerungen an.
Mir ist, wenige Monate vor den Neuwahlen des 1. März 1970, eine Pressekonferenz des Bundeskanzlers Klaus in Erinnerung, die einen skurrilen Verlauf nahm. Wie grotesk, wie selbstvernichtend-offen die bereitwillige Aufzählung des über die unerfüllten Punkte seiner Regierungserklärung befragten Regierungschefs war, wie schlimm sie am Abend im Fernsehen wirken mußte, ist uns Journalisten in der Pressekonferenz gar nicht sogleich bewußt geworden. Auch wir hatten zu lernen. In der Retrospektive fälscht sich die Erinnerung an manches um, man muß sich hüten zu glauben, jeder hätte damals sofort Bescheid gewußt.
Öffentliches Bewußtsein wird selten durch direkte Einwirkung von Ereignissen, kaum jemals durch die eine oder die andere politische Entscheidung unmittelbar erzeugt. Dazwischen sind die Medien eingeschaltet, deren Wiedergabe vom Geschehen wiederum durch die

Art der Präsentation beeinflußt wird, die Sache der politischen Akteure ist. Das verblüffendste sind dabei die Folgen der vermeintlichen Direktkommunikation im Fernsehen, also in einem Medium, von dem geglaubt wird, es zeige im Gegensatz zur Berichterstattung in Zeitungen die Dinge, Personen und Abläufe so, wie sie sind oder waren.

Es war ein umwälzender Prozeß, der sich dadurch gegen Ende der sechziger Jahre nicht nur im Medienwesen Österreichs, sondern allmählich auch im Bewußtsein der meisten Staatsbürger vollzog. Der Übergang ins Fernsehzeitalter erschütterte den Zeitungsmarkt, bewirkte aber insgesamt keine zählbaren Verkaufseinbußen der Printmedien, sogar nicht einmal einen spürbaren Einflußverlust des gedruckten politischen Worts. Die Hoffnung erwies sich als zutreffend, daß die elektronische Nachrichtenexplosion den Hunger nach Hintergrundinformation und Kommentierung verstärken werde. Daß damit Informationsvermittlung und -aufnahme immer oberflächlicher, immer kursorischer wurden und später in ein unverdauliches Zuviel umschlugen, steht auf einem anderen, wenn auch wichtigen Blatt.

Von einem Krisenbewußtsein zum Anbruch des neuen Jahrzehnts konnte um das Jahr 1970 herum nicht die Rede sein. Die Wirtschaft hatte sich wieder erfangen und trat in ihre letzte hochkonjunkturelle Phase ein. Mit teils erwartungsfroher, teils reservierter Neugierde blickte man auf den ersten sozialistischen Bundeskanzler Österreichs, auf Bruno Kreisky. Er hatte nicht die Sozialisierung, sondern die Liberalisierung des Landes und der Gesellschaft auf seine Fahnen geschrieben.

3. Die Hypothek der Ära Kreisky

Die Größe eines Politikers ist relativ. Man muß dies ins Gedächtnis rufen, diese Relativität in Raum und Zeit, also im Vergleich mit anderen lebenden und verstorbenen Politikern. Die Fairneß gebietet auch, sich als Nichtsozialist zu erklären, der zum Thema Bruno Kreisky schreibt. In der Zuerkennung von Politikergröße schwingt somit keine begeisterte Zustimmung mit. Wir stehen einerseits vor dem wienerischen Satz »Was's wiegt, das hat's« und andererseits vor der Frage, ob ein weniger Großer nicht weniger drückende Erblast durch seine Politik hinterlassen hätte.

All das ändert nichts an Kreiskys weit überdurchschnittlichem Gewicht und an seiner historischen Bedeutung, die in den bisherigen vierzig Jahren der Zweiten Republik nur mit Gewicht und Bedeutung Leopold Figls und Julius Raabs zu vergleichen sind. Das Erbe der beiden VP-Bundeskanzler scheint allerdings reicher und unbelasteter zu sein als das jenes Mannes, der sechzehn Jahre die SPÖ führte und dreizehn Jahre an der Spitze der Bundesregierung stand.

Erinnern wir uns der für die Zeit von etwa 1960 bis 1980 aufgestellten These, die Österreicher im allgemeinen/privaten und die Politiker im besonderen/öffentlichen Bereich seien angesichts der stattgehabten Umwälzungen einem Verdrängungszwang erlegen, der zu einem Stau an Problemen und daraufhin, in den allerletzten Jahren, zu einem Ausbruch von Krisenbewußtsein führen mußte. Bruno Kreisky schien in den ersten Jahren seiner Kanzlerschaft zumindest im nichtwirtschaftlichen Bereich seiner Politik das Gegenteil von Stau zu veranstalten, nämlich ein Ablassen von Gestautem, Nachholen von Versäumtem, Modernisieren von Veraltetem. Das lief unter dem Schlagwort Liberalisierung hinter dem Schutzschild eines gewaltigen Wirtschaftswachstums flott und ungestört ab, eines Wachstums, dessen Ergebnis (und mehr als das) flugs verteilt wurde.

Es kam zu Rechtsreformen jeder Art, zu überwiegend verdienst-, zum kleineren Teil auch verhängnisvollen Veränderungen, flankiert von liberalisierendem Augenzudrücken der Justiz und der sie in Bewegung setzenden Instanzen.

In den ersten vier Jahren der Kreisky-Ära sprengte ein vorwiegend erarbeiteter Wohlstand alle Konsumgrenzen. Nachher wurde weitergesprengt, von Privaten und vom Staat. Denn alle wollten, und sei's durch Borg, ihre Ausgaben im gewohnten Ausmaß weiter steigern können.

Bald kam es auch zum Quantitätssprung in der höheren und hohen Schulbildung. Verschleiert durch Änderungen und Erleichterungen im Unterrichts- und Prüfungssystem senkte sich das Bildungs- und Leistungsniveau. So wurden immer mehr und noch mehr junge Menschen zur Matura und an die Hochschulen geführt. Zunächst nahm die noch expandierende Wirtschaft klaglos fast alle der mehrgewordenen Absolventen auf, und was die Wirtschaft nicht konnte, schaffte spielend die öffentliche Hand. Staat und Bürokratie griffen um sich. Da schanzte man ihnen neue Aufgaben zu, dort wurde einfach behauptet, mehr Beamte zu brauchen.

Schon zu der Zeit, da noch alles ganz gut ging, also ein Stück über den ersten Ölschock von 1973/74 hinaus, führte die allgemeine Liberalisierungspolitik – bleiben wir bei dem ungenauen, aber eingeführten Ausdruck – zu gewissen Erscheinungen, die der Sozialpsyche schaden mußten. Etwas überzeichnet: Was den jungen Menschen in der Großstadt gut gefiel und was sie dann als Kreisky-Wähler 1971, 1975 und 1979 auch honorierten, empfanden Hunderttausende nicht so junge, nicht so fortschrittliche Menschen in kleineren Ortschaften und auf dem Land als schwer verwindbare seelische Belastungen. Wär's umgekehrt gewesen, hätte man sofort von Provokation gesprochen. Verwurzeltere, langsamere, undialektische Gemüter kamen mit der gelockerten Sexualmoral, der leichter gewordenen Ehescheidung, der ungewohnten neuen Verteilung von Privatrechten und -pflichten nur schlecht zurecht.

Urlauber aus der Stadt hatten mehr Geld auszugeben als je zuvor, die Tourismusbranche beeilte sich, die dafür notwendige Infrastruktur zu besorgen. Was schon lange nicht mehr im Gleichgewicht gewesen war, nämlich das Stadt-Land-Verhältnis, geriet nun arg aus dem Lot.

So wie die eingebildeten Bedürfnisse die wachsenden Möglichkeiten spielend übertrumpfen und die Schere zwischen Wollen und Können sich immer weiter öffnet, so überholten die Reform- und Liberalisierungswünsche kleinerer, aber für die sozialistische Politik wichtiger Gruppen bald das politische Angebot. Gleichzeitig übertraf das Bewußtsein der ländlicheren Hälfte der Österreicher, benachteiligt zu sein und zu werden, die tatsächliche, greifbare und materielle Benachteiligung um ein Erkleckliches. Ähnliches galt für das Gros der kleinen Gewerbetreibenden quer durch Stadt und Land, die jedem, vor allem aber sich selbst, täglich nachweisen konnten, wie sehr sie gegenüber dem durchschnittlichen Unselbständigen an Einkommen und Existenzsicherheit abdrifteten.

Das war die Lage, noch ehe Bruno Kreisky und seine wechselnden Teams die Kräfte ihres Politikmachens mehr und mehr darauf konzentrieren mußten, Krisensymptome zur kollektiven Einbildung zu erklären oder, wo dies nicht mehr möglich war, sie wegzubehandeln. Unglücklicherweise für Österreich entwickelte der Bundeskanzler und Parteivorsitzende der SPÖ darin erst sein eigentliches Genie. Er verstand es zunächst, selbst immer als erster von »Krise« geredet, die Krise nachweislich niemals abgestritten zu haben, um dann um so nachdrücklicher jede praktische und österreichische oder gar von der österreichischen Politik verschuldete Krisenauswirkung wegdiskutieren zu können.

Im Rückblick scheint sich die Regierungsarbeit der zweiten Hälfte der siebziger Jahre in einem gigantischen Ablenkungsmanöver zu erschöpfen, das nur das Ziel hatte, die zunehmenden Schwierigkeiten zu vertuschen. Denn eines konnte der so kluge, so vielseitige, so mächtige, so instinktsichere Bruno Kreisky nicht – oder er brachte es nicht übers Herz: den Menschen, die ihn immer wieder wählen sollten, beizubringen, daß es mit der Befriedigung steigender Ansprüche zu Ende sei. O ja, er warnte stets vor düsteren Wolken am Wirtschaftshimmel. Anstatt aber die Folgen des unausbleiblichen Regenschauers den Österreichern klarzumachen, tat er so, als gäbe es dennoch nur Sonne. Und als auch Kreisky nicht mehr leugnen konnte, daß es regnete, vergeudete er seine manchmal geradezu bannende Überzeugungskraft daran, die Menschen auf schwere Unwetter in ausgewählten anderen Ländern hinzuweisen.

Diese Art der Ablenkung war nicht neu. Neu war die Gekonntheit, sie in stetiger Wiederholung so abzuwandeln, daß die meisten Empfänger der Botschaft über den durchschimmernden Archetypus der Ausrede nicht einmal verärgert waren. Hier verteidigte eben nicht ein Bub seine miserable Schularbeit und ihre 25 Fehler mit der strahlenden Meldung, sein Banknachbar habe 34 Fehler gemacht. Sondern die tiefe Stimme des Märchenonkels Bruno berichtete von den 11 Prozent Arbeitslosen in Belgien, das er als Parallelwelt Österreichs zu schildern verstand, von der sagenhaften Pro-Kopf-Verschuldung der Vereinigten Staaten, von der indiskutablen Inflation Frankreichs.

Vor diesem Hintergrund erweisen sich ähnliche Versuche der heutigen Regierungsspitzen als doppelt peinlich. Sie sind es gar nicht so sehr in der Sache, da die Gegebenheiten ähnliche geblieben sind – immer noch geht es anderswo den Menschen viel schlechter, immer noch sind irgendwelche ausländische Daten verfügbar, die ins Beruhigungskonzept passen, weil man sich über sie echauffieren kann. Nein, die eigentliche große Peinlichkeit erwächst aus der Form der Präsentation: Ist uns doch, als hätte, wenige Jahre nach Kreisky, ein Rückfall in phraseologische Steinzeiten stattgefunden und wäre der Altbundeskanzler der letzte Politiker mit Kultur- und Sprachverstand gewesen.

Bruno Kreisky für die Kluft zwischen seiner sprachpsychologischen Raffinesse und der diesbezüglichen Unbeholfenheit seiner Nachfolger verantwortlich zu machen führte freilich zu weit. Sein Beharren indessen, keine der höchst notwendigen Drosselungen vorzunehmen – nicht bei den Staatsausgaben, nicht beim Schuldenmachen, nicht in der Bürokratie, nicht bei Liberalisierung, nicht bei Demokratisierung – und dennoch die Überzeugung auszustreuen, es sei dies alles in Ordnung oder doch weit weniger schlimm als anderswo – das schob und schoppte das schlimme Ende genau ans Ende der Ära Kreisky. Die Ernüchterung steigender Arbeitslosigkeit trotz Wachstum, das böse Erwachen neben einem praktisch unsanierbaren Budgetdefizit, das Entsetzen über nichtvorhandene Kapitalreserven quer durch die Wirtschaft, vom Klein- bis zum Großunternehmen, fiel dann den Nachfahren des großen Kanzlers auf den Kopf. Und mit der von Bruno Kreisky gehätschelten universellen Begehrlichkeit jener Schicht, die von der Politik der siebziger Jahre ohnedies am meisten gewonnen hatte, kamen Fred Sinowatz und seine Mitstreiter gleichfalls nicht zu Rande.

Man zögert, dem persönlich so überaus korrekten Kreisky, diesem Vorbild an Nichtkorruption, das Entstehen jenes allgemeinen Klimas zur Last zu legen, in dem unlautere Geschäftemacherei an der Grenze von öffentlichem und privatem Geld besser gedeihen konnte als früher. Bruno Kreiskys Leitlinie könnte man, im guten wie im schlechten Sinn, ja als »eine großzügigere Politik« beschreiben. Unter uns dösen genügend viele Hyänen und Hyänchen, die beim Stichwort »großzügig« den Kopf heben und sich, Witterung aufnehmend, auf die Fährte begeben. Nicht wenige der Skandale, die erst 1985/86 aufgeplatzt sind, wurden von den erwähnten Hyänen des davorliegenden Jahrzehnts verursacht. Daß diese miese Gesellschaft der Verursacher und Nutznießer keineswegs vorwiegend in der Sphäre nur *einer*

Partei angesiedelt ist und war, muß kaum eigens angemerkt werden. Solche Leute machen sich zwar Parteien zunutze, die eigene und die andere oder auch die dritte, sie lassen sich aber von keiner Parteigrenze aufhalten.

Zum zeitbombenartig verzögerten Hochgehen von Skandalen mag Kreiskys Sauberkeitskampagne ab 1979 im Zuge seines Ringens mit Hannes Androsch einiges beigetragen haben. Damals duckte sich mancher, hielt in seinen Machenschaften inne und still, denn der alte Löwe schien zu einem grimmigen Rundumschlag noch durchaus fähig. Nachher gingen die Krüge wieder zum Brunnen, so lange, bis sie brachen; und mit Gewißheit läßt sich sagen, daß für viele dieser »Krüge« heute erst die erste Hälfte des Sprichworts erfüllt ist. Sie gehen noch.

Ohne beschönigenden Abstand zur Korruptionshypothek seien nun doch einige Worte über die Spuren verloren, die der Medienkanzler in der Welt der österreichischen Medien hinterlassen hat. Um gar nicht mit seiner fehlgeschlagenen Reform-Reform des ORF 1974–1978, sondern mit dem Resultat einer langjährigen Bearbeitung zu beginnen: Kreisky vererbte an Pressionen gewöhnte und durch hohe Aufmerksamkeit verwöhnte Journalisten jeden Alters und Ranges, detto Mediengewaltige, Eigentümer und andere Einflußreiche. Die nachherige Leere im Anschluß an die gebotene Fülle, die Farblosigkeit nach der Buntheit, der Holzhammer nach den edlen Ziselierwerkzeugen führten allesamt maßgeblich zu seltsamen Nachwirkungen und Deformationserscheinungen in Presse und Rundfunk der Nach-Kreisky-Ära. Man könnte die Ergebnisse dieser Nachwirkungen als Versuche sehen, das Untermittelmaß in der nunmehrigen Medienbehandlung durch Politiker der Koalitionsregierung, aber auch der Opposition hemmungslos auszukosten und darzustellen.

Anders gesagt: Natürlich kommt die Politik nach Kreisky in den und durch die Medien noch um einiges schlechter weg, als sie's ohnedies verdient. Natürlich war manche journalistische Frage an Bundeskanzler Fred Sinowatz zwar weniger im Inhalt, aber sicherlich in Ton und Form eine blanke Frechheit. Natürlich verschlimmerte Sinowatz vor laufender Fernsehkamera das Übel, indem er keine angemessene Antwort und keine angemessene Haltung fand. Natürlich vertieften auch solche Vorfälle, wie verschiedenste Publikumsreaktionen zeigten, zusätzlich das Krisenbewußtsein. Natürlich können sie als Folge der Medienpolitik Bruno Kreiskys und mithin als Hypothek verstanden werden, die der »Sonnenkönig« zu allen anderen seiner Passiva hinterließ.

Die besonderen Aufmerksamkeiten guter und böser Art, mit denen Bruno Kreisky im Laufe der Jahre Journalisten drangsalierte und regalierte, sind einem Außenstehenden nicht so ohne weiteres klarzumachen und erschöpften sich keineswegs in der besonders liebevoll gepflegten Zuckerbrot-und-Peitsche-Politik. Dabei war im Grund unter Belohnung stets die Beteilung mit, unter Bestrafung stets der Entzug von Information zu verstehen.

Information war bei Kreisky beileibe nicht mit Nachrichten gleichzusetzen, sogar nicht einmal immer mit Neuigkeiten. Er streute politische Ideen, die man, wären sie nicht vom Bundeskanzler gekommen, als ans Lächerliche grenzende abgetan hätte. Er produzierte unter Zuhilfenahme von Journalisten Schlagzeilen besonderer Art. Ich zum Beispiel wurde im Jahre 1972 zu Hilfe genommen, als der Regierungschef das »Vorhaben«, hohe Beamte statt in teuren Dienstwagen in billigeren Taxis fahren zu lassen, publik machen wollte. Tatsächlich kam es nicht einmal ansatzweise dazu.

Freilich bin ich, sind Dutzende meiner Kollegen zu fragen, ob wir nicht verpflichtet gewesen wären, von Zeit zu Zeit die Luftblasen des Bruno Kreisky einzusammeln, anzuprangern und damit aufzustechen. Es gab derartige Versuche; aber, aus mehrfachen Gründen, keine konsequenten. Das stärkste Medium etwa, das Fernsehen, enthielt sich unter bedauerndem Hinweis auf Rundfunkgesetz und Programmrichtlinien überhaupt jeder solcher zusammenfassenden Wertung.

Man wurde als innenpolitischer Journalist durch Kreisky zeitweise auch erfolgreich in Versuchung geführt, Grenzen fließen zu lassen, die das Berufsethos streng zu ziehen befiehlt. In seiner Spätzeit als Bundeskanzler verwischte er an heiklen Stellen Hintergrundgespräch und Zitierbares. Er schien dann darauf zu warten, mit welchem schreiberischem Geschick sich das von ihm Gestreute in der Zeitung niederschlug (der ORF eignete sich dafür nicht), ehe er es entweder gut sein ließ oder protestierte, weil hier im Hintergrundgespräch Gesagtes mißbräuchlich zitiert worden sei.

Es entsprach auch dem Facettenreichtum Kreiskys, im Fall eines Protests unter unzähligen Spielarten des Widerspruchs wählen zu können. Das mochte eine entsprechende Bemerkung gegenüber dem durch die halbgewollte Indiskretion Beleidigten sein, wovon man später durch diesen selbst zufällig erfuhr – oder eine Zeile in der »Arbeiter Zeitung« oder ein brummiger Anruf beim Übeltäter selbst oder bei dessen Chefredakteur. Auch schwere und schwerste Geschütze des Dementis wurden mitunter aufgefahren.

Das seltsame an all dem war, daß man zwar wußte, Instrument des Bundeskanzlers zu sein, sich aber nicht als solches fühlte. Das haben gescheite und oppositionsnahe Außenstehende, die bloß den Nachteil hatten, nie oder nur kurz Journalist gewesen zu sein, nie verstehen wollen. Zeitweise kam's dann so heraus, als wäre Bruno Kreisky ohne die bürgerlichen Journalisten nichts gewesen und nichts geworden. Der Wahrheit etwas näher kommt man mit dem Bild der Symbiose, wobei betont zu werden verdient, daß nicht nur der Journalist, sondern auch Zeitung, Zeitschrift oder elektronisches Medium unter den nutzenziehenden Symbioten der einen Seite einzureihen sind.

Ein längeres Gespräch mit Bruno Kreisky, ich gestehe es voll ein, war immer bereichernd. So ging einmal ein Interview in eine Unerhaltung über Ingeborg Bachmann, ein andermal in den Austausch profunder Meinungsverschiedenheiten über Egon Friedell über. Dazwischen streute der Bundeskanzler skrupellos Eiszeiten in seine Beziehungen mit einzelnen Journalisten ein, so auch mit mir. Ließ ausrichten, er hätte den Ausdruck X in der Glosse Y jederzeit mit Erfolg bei Gericht klagen können, dies aber nicht, diesmal noch nicht, getan. Nächstens ließ er tatsächlich klagen. Oder er drohte ganz unverblümt, die Zeitung, für die man schreibe, werde, falls »sie« so weiterschreibe, schon sehen, wie sie zugrunde gehen werde. Warum? Weil dann die mächtige sozialistische Parteiorganisation alle ihre 700 000 Mitglieder auffordern werde, das Blatt nicht mehr zu kaufen.

So und noch ganz anders, gewinnend und brutal abweisend, konnte Bruno Kreisky im Verkehr mit Journalisten sein. Er muß insgesamt ungeheure Mengen an Zeit in Medienpflege investiert haben, und nicht alles war lediglich nackte Berechnung. Sein Interesse an allem und jedem, was in Zeitungs- oder Rundfunkredaktionen saß, war notorisch und echt, seine Erreichbarkeit per Telefon für einen Regierungschef, der manchmal doch auch andere Termine haben mußte, phantastisch.

Nicht nur die Politik fiel nach Kreisky aus allen Traumschlössern und Wolken, die ORF- und Zeitungsmacher stürzten unverzüglich hintennach. Dieser Mitsturz, wir sagten es schon mit anderen Worten, beschleunigte und verstärkte ab 1983 den Ausbruch umfassender Krisengefühle. Trostlosigkeit, Distanz und intellektuelle Knausrigkeit, Monotonie und Bunkerstimmung waren noch immer Erscheinungen, die im privaten Leben die Midlife-crisis angeheizt haben. Dasselbe gilt auch für die Republik Österreich.

*

Fassen wir, ohne vollständig sein zu wollen, zusammen, was als Hypothek der Ära Kreisky die veränderte politische Welt in Österreich nach dem April 1983 belastete und immer noch belastet:

- Steigende Arbeitslosigkeit trotz vervielfachter Staatsschulden, beides ohne Silberstreif am Horizont und beides um so schlimmer, als man beides immer, bis es nicht mehr ging, wegzudiskutieren versuchte.
- Ungehemmt und unverantwortlich in höhere, hohe und höchste Schulen und Ausbildungsstätten geleitete Ströme von teilweise dafür ungeeigneten und unqualifizierten Schülern, für die sich, wenn sie ihre Ausbildung absolviert haben, immer seltener angemessene Posten finden.
- Eine »Demokratisierung aller Lebensbereiche«, die, obwohl Torso geblieben, als Schlachtruf Schulen, Familien und Unternehmen durchflutete und verwirrte, indem sie die Gemeinschaften einer praktikablen Wirklichkeit entfremdete.
- Eine sozialistische Pädagogik, die demokratisierte und liberalisierte und auch in den privaten Sektor der familiären Kindererziehung verhängnisvoll hineinstrahlte.
- Überhaupt die losgetretenen Emanzipationslawinen, die vieles unter sich verschüttet haben, was Familien brauchen, um nicht nur Gemeinschaften nebeneinander lebender Menschen zu sein.
- Eine zweifellos modernisierte und liberalisierte Rechtsordnung, in der nun manches die ohnedies drohenden oder vorhandenen Kontroversen zwischen alt und jung, Mann und Frau, Stadt und Land, Staatsbürger und Richter noch weiter vertiefte.

○ Eine chaotische Energiepolitik durch die ungewollt erst durch Tschernobyl gelöste Kernenergiefrage, durch das halbherzige Nachgeben gegenüber fragwürdigen oder fragwürdig legitimierten Umweltschützern, durch überstürzte Lieferabschlüsse mit Ostblockländern.

○ Die finanziell ausgedörrte Landesverteidigung, deren Grundsätze feierlich verkündet und im Handumdrehen, weil man kein Geld zu haben vorgab, verraten wurden.

○ Eine veraltet strukturierte und personell überbesetzte verstaatlichte Industrie.

○ Eine Realverfassung, die durch den ans Verlogene und Verschlagene grenzenden Widerspruch zwischen Bekenntnis zur direkten Demokratie und Nichtbeachtung massiver direktdemokratischer Willensäußerungen charakterisiert ist.

○ Eine flexible Schule der Geläufigkeit in der politischen Aussage, die das festgeltende »Wort eines Bundeskanzlers«, wie es der Staatsbürger zu verstehen gewohnt war, augenzwinkernd entwertete.

○ Eine von der regierenden Mehrheit mit allen Mitteln entnervte und durch Selbstmitleid und Ideenlosigkeit weiter reduzierte Opposition mit einer zwar nicht geschmolzenen, aber gegenüber der eigenen Partei und deren Erfolglosigkeit verbitterten Wähler- und Gefolgschaft.

*

Letztgenannte Hinterlassenschaft Bruno Kreiskys zeigt, was alles man ihm mit einigem Recht in die Schuhe schieben kann. Im übrigen hat sich die Lage der ÖVP qualvoll langsam, aber doch seit 1983 ein wenig gebessert.

Insgesamt will die lose Zusammenfassung der Hypothek einer Ära nicht behaupten, das sei samt und sonders alles im strengen Sinn politisches Verschulden einer Folge von Regierungen unter einem einzigen Bundeskanzler oder gar Schuld dieses einen Regierungschefs. Alles samt und sonders keineswegs. Da gab es auch noch internationale Zündmechanismen und ebensolche Zeitströmungen.

Auf ungut österreichisch war das Schlimmste der Ära wohl das Zügelschießenlassen dort, wo sie ein starker Politiker unbedingt hätte anziehen müssen; und das Wegschwatzen unbequemer oder bedrohlicher Entwicklungen, die dadurch weder deutlich erkannt noch wirksam bekämpft werden konnten.

IN DER KRISE

1. Die neue Versklavung der Politik

Früher war Politik einfacher als heute. Es gab nicht die Herrschaft des Fernsehens, nicht die nunmehrige Dichte und den Druck der Medien überhaupt, nicht die verfeinerten Spielarten der Meinungsforschung, nicht die verlockende Dienstbarkeit der Fachleute. Dennoch hätte die Politik der letzten Jahre mit all dem fertig werden können, wäre da nicht das Phänomen der Selbstterrorisierung gewesen.

Sollte es nach Bruno Kreisky noch einen herausragenden Politiker in Österreich gegeben haben, dann ließ er sich vom Mittelmaß der eigenen Parteifunktionäre bestimmen und aufreiben. Dieses Mittelmaß aber stand und steht unter der Knute der Medien und entwickelt dabei sadomasochistische Züge: Man leidet unter dieser Knute, leidet auch unter jenen Medien, auf die man eigentlich Einfluß hat, hätte oder haben sollte. Man füttert sie, haßt sie, prügelt sie, hätschelt sie; alles gleichzeitig; und dabei übersehen die Mittelfunktionäre, daß diese tätige Haßliebe jene Zeit frißt, die sie brauchten, um den führenden Politikern mit Gewinn zuzuarbeiten. Statt dessen wispert der Durchschnitt der Funktionäre den Chefs zu, was in jenem Magazin veröffentlicht und in der gestrigen »Zeit im Bild« nicht gesendet wurde, was daraufhin die Basisfunktionäre in O. gemeint hätten und was nun dagegen oder dafür zu unternehmen sei.

Das ist, natürlich unzulässig vergröbert, der oft beklagte Medienterror. Eine indirekte, eine krumme, eine undeutliche, eine schwer nachweisbare Erscheinung. Sie frißt Stunden, erschöpft Arbeitskraft, verstopft Kanäle und macht Möglichkeiten unmöglich.

Nun scheint es, als ob die solcherart terrorisierten, geplagten und von ihren Zuarbeitern II. Klasse in Stich gelassenen führenden Politiker den Fehler begingen, ihr strapaziertes Ohr einesteils den Meinungsforschern, andernteils den vielgepriesenen Experten zu schenken. Denn das scheint ja auf der Hand zu liegen: Die einen wissen, was die Leute wollen, und die anderen wissen, wie das Gewollte in die Tat umzusetzen ist.

Einen beachtlichen Teil seiner restlichen Zeit, also jener Stunden, die noch nicht von Klein- und Mittelfunktionären wegterrorisiert oder von Sitzungen und Veranstaltungsterminen verschlungen sind, bringt unser führender Politiker, nennen wir ihn der Kürze halber Füpo, damit zu, über Widersprüche zu rätseln. Zum Beispiel über den Widerspruch zwischen dem, was ihm aus den Medien hinterbracht worden ist, und dem, was der befreundete Meinungsforscher aus Direktarbeit über den staatsbürgerlichen Willen weiß. Bleibt dem Füpo überhaupt noch restliche Restzeit, um Experten zu hören, da er auch mit Medienzaren und deren Journalisten umgehen, Bürokratisches erledigen, sich auf Reden, Referate, Diskussionen und TV-Auftritte vorbereiten – und dazwischen auch noch »führen« muß?
Tatsächlich erübrigt sich für den Spitzenpolitiker noch da ein viertel und dort ein halbes Stündlein, da er aus sich ja einen Vierzehn- oder Fünfzehn-Stunden-Arbeitstag herauspreßt. (Niemand glaube an die oft zitierten sechzehn oder mehr täglichen Arbeitsstunden, die es nicht gibt, und niemand definiere in diesem Zusammenhang allzu scharf, was Arbeit sei.) Der Spitzenpolitiker läßt sich also Expertisen vorlegen, viel zu oft solche aus zweiter Hand, demnach von einem »Sprecher« oder einem spezialisierten Mitarbeiter der Parteizentrale, also gar nicht vom Wissenschaftler oder Grundsatzdenker selbst.
Nun haben es die Ergebnisse von Expertenarbeit, gar von wissenschaftlicher, an sich, daß sie in die Tiefe gehen und damit oft schon den Zusammenhang zu verwandten Bereichen, fast immer aber den berühmten Gesamtzusammenhang aus dem Auge verlieren. Politik aber ist Gesamtzusammenhang. Mit diesem hatte bereits Bundeskanzler Josef Klaus seine Mühe, und wahrscheinlich war es kein Zufall, daß eben dieser Josef Klaus als erster mit Nachdruck eine »Politik der Sachlichkeit« verfolgte und Fachleute im Rahmen der »Aktion 20« politische Konzepte erarbeiten ließ.
Unmittelbar darauf traten die 1400 Experten des erfolgreichen Oppositionsführers Bruno Kreisky auf den Plan – und ab damals, ab etwa 1970, wurde das den Parteizentralen attachierte Expertenwesen immer mehr für Zwecke der Öffentlichkeitsarbeit mißbraucht. Es ist Regel geworden, daß die für den Innengebrauch gedachten Fachratschläge kraß von jenen – oder jenen Fassungen – abweichen, die für die Öffentlichkeit bestimmt sind. Die Mediokratie fordert ihre Opfer.

Als eigentlich politikvernichtend erwies sich die angebliche Notwendigkeit, daß sich Füpos immer intensiver mit der Öffentlichkeitsarbeit befassen mußten. Am soeben erwähnten Beispiel gezeigt: Heute muß sich ein Parteiobmann mit dem für das Fernsehen oder für Presseveranstaltungen vorbereiteten (oder zu präparierenden) Expertenkram schon länger befassen als mit jenen fachmännischen Arbeitsergebnissen, die er im Innenverhältnis zur Teilgrundlage seiner Politik zu machen gedenkt (es bleibt meist beim Gedenken).

Indessen macht dieser Füpo überdies unter dem knetenden Einfluß seiner Medienberater und den Erfordernissen des Fernsehens eine Deformation durch. »Wer nicht ist wie Kreisky, der sollte im Fernsehzeitalter eigentlich die Finger von der Politik lassen«, hörte ich um die Jahreswende 1985/86 einen einflußreichen Politiker sagen. Der bereits zu Lebzeiten legendär Gewordene, legendär zumindest als medialer Großmeister, verstand die Fernsehinformation zu prägen. Nach ihm ist's nun umgekehrt, das Fernsehen jagt und prägt die Füpos. Wie ein übermächtiger Boxer seinem inferioren Gegner die Luft aus dem Leib schlägt, so schlägt das Fernsehen aus dem Normpolitiker dessen gewachsene und gewordene Persönlichkeit heraus, er merke den Vorgang oder er merke ihn nicht. Geringstenfalls geht Substanz verloren. Meist aber ist es leider die natürliche Eigenart des Politikers.

Dem solcherart Beeinträchtigten nähert sich nun der Meinungsforscher mit seinen Daten. Deren wichtigste sind natürlich die jeweiligen Parteipräferenzen – heutzutage eine Selbstverständlichkeit, die es kaum faßbar erscheinen läßt, daß die Nationalratswahl 1966 die erste war, bei der die Meinungsforschung, in ihrer österreichischen Steinzeit tappend, in brauchbarer Weise vorfühlte.

Jeder etwas erfahrenere innenpolitische Journalist kennt die Wirkung der jüngsten Umfragedaten, also der Antworten auf die Frage: »Wenn am nächsten Sonntag der Nationalrat zu wählen wäre, welcher Partei gäben Sie Ihre Stimme?« Er kennt vor allem die Wirkung auf die Füpos und deren Nerven. Wiederum ist's, weil interessante Meinungsumfragen stets von Interessierten veröffentlicht oder doch »sickern gelassen» werden, die sofort spürbare Reaktion des funktionierenden Fußvolks, welche »die da oben« im Guten oder im Schlechten heimsucht.

Schreckliche Lehrmeinungen der Demoskopie, gleichgültig ob richtig oder anfechtbar, spielen eine weitere unselige Rolle. Etwa jene, daß im Normalfall zur Halbzeit der jeweiligen Legislaturperiode der Ausgang der nächsten Wahlen in der Wählermeinung bereits vorherbestimmt sei. Konnte zum Beispiel Oppositionsführer Alois Mock zur Halbzeit der Periode 1983/87, im Frühsommer 1985 also, mit der späteren Abweichung vom Normalfall (namens VOEST-Skandal) rechnen, als er und seine Volkspartei weit hinter der SPÖ lagen? Nein, er konnte nicht. Er konnte nur hoffen. Er mußte Tag für Tag seinen Mitarbeitern, seiner Partei, den Journalisten und der Öffentlichkeit den Optimisten vorspielen. Das grausame Fernsehen enthüllte, welchen Kräfteverschleiß derartiges bedeutet.

Manche Personen und Persönlichkeiten tauchen als ausgebrannte Politikerhülsen aus einem solchen Stahlbad wieder auf.

Mir ist bewußt, daß dieser häßliche Bericht aus der Beobachtung der täglichen Arbeit führender Politiker in schreiendem Gegensatz steht zum schönen Schein der modernen Hilfsinstrumente der Politik: In diesem Schein informieren die Medien uns über die Politik, die Politiker und ihre Bemühungen, sie tun als Kontrolleure, Kritiker und Anreger noch redlich ein Übriges; die kleineren Funktionäre stehen zwischen Staatsbürgern und den eigentlichen Politikmachern, von unten nach oben und von oben nach unten vermittelnd; die Experten stellen ihr Wissen und Können in den Dienst der ihnen sympathischen politischen Kräfte; und die Meinungsforschung holt die Bestätigungen für die Politik ein und kann ein leises Korrektiv für die Linie sein, die bei den nächsten Wahlen mehr zufriedene Stimmen als bei den letzten versprechen soll.

Nichts von alledem, oder doch nur herzlich wenig. Unter der Herrschaft von Medien, Experten und Meinungsforschung hat sich das, was wir Politik nennen, in wenigen Jahren bis zur Unkenntlichkeit verformt. Politik als Gestaltung der unmittelbaren, der näheren und ferneren Zukunft in klarer, vorhersehbarer Weise ist tot. Sie ist verkommen zu einer Art Nuß mit einer äußeren Schale zum Anschauen und einer inneren Schale zum notdürftigen Ausgleich der großen Interessen; und mit einem nicht vorhandenen oder verdorbenen Kern.

1.1 Im Griff der Medien

Mit einer gewissen wagemutigen Großzügigkeit übergehe ich jetzt die Erkenntnisse der sogenannten Medienforschung. Zwar kann ich von ihnen nicht, wie Friedrich Torbergs Gastwirt Neugröschl von den zwetschkenrösterverkennenden unter seinen Gästen, faustschüttelnd behaupten: »Ich kenne sie alle!« Immerhin aber sind mir viele dieser Erkenntnisse über Wirksamkeit und Aufnahmefähigkeit, Konsumentengewohnheiten und Informationsmüdigkeiten bewußt. Nach fleißiger Lektüre weiß unsereiner dann mehr über kognitive und emotionale Verarbeitunsprozesse oder über präkommunikative Einstellungsstrukturen der Rezipienten.

Aber ich wage die Behauptung, daß man durch diese emsige Gelehrtenarbeit nicht mehr als Banalitäten, intuitiv längst Gewußtes oder wenigstens Geahntes bestätigt erhält. Auch das muß sein und ist Aufgabe der Wissenschaft. Und so erfährt man durch die Medienforschung zwar wenig Neues, erlangt aber doch da oder dort Gewißheit über die praktische, schillernde Rolle der Medien und vor allem des Fernsehens in der Politik – unbenommen ihrer sonstigen Verdienste um die Wahrheitsfindung, die mir als Laien nicht einsehbar sind.

Es wäre wenig sinnvoll, die politische Wirkung einzelner Medien oder Mediengruppen in Österreich pauschal analysieren zu wollen. Wir wissen, daß die »Zeit im Bild« des Fernsehens um 19.30 Uhr die wichtigste Information in Österreich darstellt, weil sie im Durchschnitt von zweieinhalb Millionen Bürgern gesehen wird. Wir wissen, daß Schlagzeilen bestimmter Art der beiden Boulevardzeitungen »Krone« und »Kurier« nachhaltigen Wirbel zu erzeugen vermögen und daß die Enttarnung von Großskandalen durch die Wochenmagazine »profil« und »Wochenpresse« korrupte Funktionäre hinter Schloß und Riegel und weitere zumindest ins teils verdiente, teils unverdiente Zwielicht gebracht hat.

Auch gilt als unbestritten, daß Meinungsblätter wie »Die Presse« oder »Salzburger Nachrichten« in ihren gehobenen Leserschichten Überzeugungen festigen oder erschüttern, sogenannte Multiplikatoren also ergiebiger oder weniger ergiebig multiplizieren lassen können. Selten, aber doch sorgt die arg zusammengeschmolzene Parteipresse für Aufregung, und wenn, dann meist durch tapferes Abweichlertum gegenüber der eigenen Partei. Und schließlich wird bei einem solch kursorischen Aufriß des politisch Allerwichtigsten im Medienbereich gern zu erwähnen vergessen, welches Gewicht in ihren Bundesländern nach wie vor die steirische und Kärntner »Kleine Zeitung«, die »Tiroler Tageszeitung« oder die »Vorarlberger Nachrichten« haben, vom stetig tropfenden Einfluß des Radios ganz zu schweigen.

Das alles ist und bringt nichts Neues. Wie neu hingegen wäre eine subjektive Wertung/Bewertung des ORF und jener politischen Kraftlinien, die ihn ausrichten, die er erzeugt oder die er umleitet?

Daß überhaupt vom ORF en bloc gesprochen werden kann, ist das Verdienst oder die Schuld, je nachdem, Gerd Bachers. In unserem Zusammenhang müssen Bachers historische Verdienste um den Aufbau der Information im Rahmen des erst ab 1967 existierenden unabhängigen Rundfunks außer Ansatz bleiben. Später, in den Jahren 1971 bis 1974 und in seiner zweiten Ära ab 1978, konnte er angesichts der vom Wähler immer wieder bestätigten SPÖ-Hegemonie auch als deklariert bürgerlicher Mensch die von Nichtsozialisten noch immer und immer wieder von ihm erwartete Unabhängigkeit naturgemäß nicht mehr gewährleisten. Die Frage muß offen bleiben, ob ein grundsatztreuer Mann in einer solchen Lage nicht besser weicht, als ständig mit sich selbst Kompromisse zu schließen.

Es war begreiflich, aber doch auch wieder frappierend, wie im Lauf der sozialistischen Jahre auch der Informationsalltag des ORF immer röter wurde, die längste Zeit bei fast unverändertem Personal. Gemeint ist hier nicht die Tatsache, daß eine Regierung stets mehr News erzeugt als eine schwächliche Opposition; sondern der Grund und Boden, auf dem Sendungen und Beiträge wuchsen.

Es erinnerte an ein Theaterstück: Die Handlung auf der Bühne ist das eine. Das andere sind Kulissen, Bühnenbilder, Kostüme, die Sprache des Dramas, die Sprache der Schauspieler, das Spiel der Spieler. Dieses »andere« legte – nach der wirren Ära Oberhammer 1974/78 und dem Starthalbjahr der Ära Bacher II – in der letzten Wahlperiode Bruno Kreiskys, also von 1979 bis 1983, das entscheidende Wegstück zur sozialistisch durchtränkten Rundfunkinformation zurück.

Die Präsenz Bachers sowie in den letzten Jahren der untadelig-unabhängige Chefredakteur Rudolf Nagiller und der zweifellos nichtsozialistische Hauptabteilungsleiter der TV-Reports, Peter Rabl, konnten die Entwicklung nicht aufhalten. Die bequeme Strömung und immer mehr SPÖ-nahe Journalisten innerhalb dieser Strömung prägten nun den Rundfunk.

Sehr oft wirkte sich dies auch dämpfend auf die ORF-Berichterstattung über die vielen politischen Skandale der letzten Jahre aus, und klügere Köpfe in der SPÖ werden damit ebensowenig zufrieden gewesen sein wie mit der ganz offensichtlichen Konsequenz persönlicher Freundschaften zwischen dem Generalintendanten und Hannes Androsch oder Udo Proksch. In Summe aber waren die häßlichen Ereignisse doch so, daß die Information des Rundfunks über sie den entscheidenden medialen Effekt hatte: Nun erst drangen sie als bestätigt ins Massenbewußtsein. Der ORF ist glaubwürdig, glauben 87 Prozent seiner Kunden. (Religion scheint wirklich wieder im Vormarsch zu sein.)

Der altgewohnte Reflex der sozialistischen Funktionärshierarchie blieb nicht aus: Man drosch unverzüglich auf den »Spiegel« ein, der solch unglaubliche Dinge zeigte.

Ein Laie der politischen und medialen Szene Österreichs Mitte der achtziger Jahre übersieht leicht, wie gewisse »schwerwiegende Vorfälle« – nehmen wir als Beispiel die VOEST-Krise – ins Bewußtsein der Staatsbürger dringen und dort die für eine Partei unliebsame Wirkung entfalten. Solange es ein Nachrichtenmagazin ist oder der »Kurier«, die enthüllen, läßt sich etwa den sozialistischen Parteigängern erklären, daß diese Medien im Solde der Volkspartei stünden. Im Fall VOEST aber trat der von der SPÖ-Zentrale so gefürchtete Doppeleffekt ein. Der ORF mußte sofort berichtend auf dem Plan sein und war es auch, da es sich um allseits bestätigte Milliardenverluste handelte. Und die starke sozialistische Basis in Linz und in der Obersteiermark war, anstatt gegenzusteuern, von den Tatsachen überrollt und außer sich.

All das führt zu ständigen weiteren Anstrengungen der SPÖ, die ORF- und besonders die TV-Information an einen noch kürzeren Zügel zu legen. Daneben unternimmt die FPÖ als Mitregierungspartei ihre stets ein wenig lächerlichen Versuche, in den Rundfunk ihre Vertrauensleute einzuschleusen. Noch fragwürdiger erscheint allerdings

die Zickzack-Rundfunkpolitik der ÖVP. Im Gegensatz zu Fred Sinowatz verfügt Alois Mock über wenig gewachsenen Machtinstinkt, weshalb auch sein Verhältnis zum besonders wichtigen Politikmedium ORF kein zielbewußtes ist. So ziehen mehrere oppositionelle Medienexperten die Fäden für die Volkspartei, doch scheint es, als zöge jeder seine eigenen. Das Ergebnis schaut dementsprechend aus.
An dieser Stelle muß in Erinnerung gerufen werden, wie sehr das Mitspracherecht der Parteien im Rundfunkgesetz durch deren Direkt- und Indirektmandate im ORF-Kuratorium verankert ist. Darüber hinaus wird in den Programmrichtlinien jedem Redakteur eingeschärft: »Bei der Programmgestaltung sind relevante gesellschaftliche, politische, geistige und künstlerische Strömungen zu berücksichtigen.«
Der öffentlich-rechtliche Rundfunk ist also, und wahrscheinlich zu Recht, eine politische Institution unter erheblicher Berücksichtigung der Parteipolitik. Im Gegensatz zur verstaatlichten Industrie wäre sie gar nicht zu entpolitisieren. Das ändert nichts daran, daß Ergebnis und Folge der scheinbar klaren Vertretungs- und Programmbestimmungen strukturell schlampige Verhältnisse sind, offen gegenüber Mißbrauch von innen und außen, angewiesen auf starke, charaktervolle und ausgewogene Persönlichkeiten in den Führungs- und Mitarbeiteretagen des Rundfunks.
Aber auch wenn solche überwiegend installiert wären: Die ständig und sehr bewußt von den Parteien geschürte Unruhe – nicht zu verwechseln mit der geplanten strukturellen Innen-Unruhe, die gegen Verkrustungstendenzen in einem Unternehmensmonster nötig ist – führt dazu, daß der ORF als größtes und wichtigstes Massenmedium Österreichs in einem fort entweder von Krisen bedroht oder von Krisen geschüttelt ist. Während er formell seinen Bildungs- und Informationsauftrag gut erfüllt, wenn auch nicht so atemberaubend einmalig, wie die silberne ORF-Autosuggestion es sich einbleut, so trägt er als gewohnheitsmäßig verunsicherte Großanstalt das seine bei zur wachsenden allgemeinen Instabilität.

1.2 Vorsicht, Experten!

So übertrieben ist es nicht, wenn wir von Herrschaft sprechen, die in wachsendem Ausmaß die Medien, die Experten und die Meinungsforscher über Politik und Politiker ausüben. Sogar dort, wo bildlich von Terror oder Selbstterrorisierung die Rede war, braucht man nachträglich nicht zu korrigieren, wenn es der Leser nur recht versteht: Der Politiker terrorisiert sich zunehmend durch die eigenen Vorstellungen. So kann eine bestimmte Art von Berichterstattung über ein bestimmtes Ereignis tatsächlich dramatische politische Folgen haben. Die Verallgemeinerung, der Teufelskreis aber erzeugt sich erst im Kopf des Politikers. Und freilich kann das Versäumnis, zu einem bestimmten Thema nicht rechtzeitig die besten Experten gehört zu haben, für einen Spitzenpolitiker verheerende Folgen nach sich ziehen.

Die Herrschaft aber, die er die Fachleute über sich ausüben läßt, ist die eines ständigen schlechten Gewissens. Weil er, der Politiker, eigentlich nicht weiß, was in so haltlosen Zeiten »Politik« sein soll oder sein könnte, kommt er von der Vorstellung nicht los, es ließe sich eine »Sachpolitik« durch Verschmelzung von Sachkonzepten erarbeiten.

Daher ist jeder hohe Politiker im heutigen Österreich auf Konzepte und auf die Suche nach noch besseren Experten versessen, wenn er nicht ohnedies schon selbst als Fachpolitiker firmiert.

Freilich ist nicht leicht zu sagen, was ein Fachpolitiker ist und wie er sich unverwechselbar vom politischen Generalisten unterscheidet. Die allgemeine Unlust am Politiker hat in den letzten Jahren an beiden Typen kein gutes Haar gelassen. Der Fachmann als Politiker – für ihn stehen die Beispiele Helmut Schmidt oder Josef Taus – sei weniger flexibel, heißt es, er halte seine Umgebung für unerträglich uneinsichtig, ja dumm, und sei geneigt, seinem Fachgebiet (es ist fast immer die Wirtschaftspolitik) absoluten Vorrang einzuräumen.

Der Generalist – typische Vertreter Helmut Kohl oder Fred Sinowatz – wird als »Politiker schlechthin« beargwöhnt und als Drüberstreuer, der von nichts wirklich etwas versteht, verachtet. Man sagt ihm nach, er könne sich als medialer Könner etwas länger oder als Beherrscher seines Parteiapparats etwas kürzer im Sattel halten, ehe er dem Wähler endgültig zum Ärgernis würde.

Das sind Übertreibungen, in denen aber das berühmte Wahrheitskörnchen steckt. Psychologie spielt in der Politik eine immer größere Rolle, und was die Medien – immer wieder muß dabei das Fernsehen für sie stellvertretend und geradezu paradigmatisch herhalten – im Denken und in den Überzeugungen der Medienkonsumenten anrichten, wird immer wichtiger; wichtiger als die reale Politik, was immer das sein soll, und ihre nüchterne Beurteilung durch den Wähler. Dabei ist zu fragen, ob es beide jemals wirklich außerhalb einer idealtypischen Theorie gegeben hat.

Dieses unklare und manchmal fast tagträumerische Ineinander von Sein, Schein und Anschein charakterisiert heute das Verhältnis zwischen den Repräsentanten und ihren Auftraggebern in unserer Demokratie. Wie schlecht der Oppositionschef gestern im Fernsehen ausgesehen, wie unduldsam der Bundekanzler sich wieder einmal aufgeführt und wie zerknautscht der Zentralsekretär in seinem geschmacklosen Anzug gewirkt habe, wird vom Tagesgespräch zum verfestigten Bild und im nächsten Schritt zu einer, ja zu der wichtigen politischen Überzeugung. Es braucht nicht hinzugefügt zu werden, daß das Negative zugkräftiger und eindrucksvoller ist als das Positive und daher in der Durchschnittspsyche mehr Effekt macht.

Wenn in diese Welt jetzt auch noch ein Gewitter von Skandalen einbricht, versetzt das nicht nur dem Ansehen der Politiker den Todesstoß, sondern auch dem Ruf der Experten. Man lasse unter diesem Blickwinkel einmal die geläufigsten Skandale der letzten paar Jahre unter ihren jedem von uns wohlbekannten Chiffren Revue passieren: AKH, Androsch, Glykol, Moser–Rablbauer, VOEST, Bundesländer-Versicherung. In welch trübem Lichte stehen seither Wirtschaftsprüfer, Finanzbeamte und -fachleute, Lebensmittelkontrollore, Staatsanwälte und Richter, Manager und sogar der Rechnungshof! Gegen die liebe, aber schlechte Gewohnheit nicht nur des kleinen Mannes, vom Einzelfall auf das Typische zu schließen, ist kein Kraut gewachsen. Vor allem dann nicht, wenn sich die Einzelfälle so offenkundig häufen.

Ohnehin ziehen sich die besten Fachleute, aus Angst vor Kontamination, von den Politikern zurück. Wenige sind angesehen und stark genug, um, wie der Statistiker Gerhart Bruckmann, in beide große politische Lager hineinzuwirken. Regel ist größte Zurückhaltung, wenn nicht völlige Enthaltsamkeit. Manche, die sich dennoch von der Politik rufen ließen oder gar geschmeichelt herbeieilten, schworen bald, es bei dem einen Versuch bleiben lassen zu wollen. Vor allem die Volkspartei verstand es, bürgerlich denkende Helfer aus der Wissenschaft vor den Kopf zu stoßen, indem man sie kurz dem grellen Licht der Öffentlichkeit aussetzte; dann zu einem Kurzauszug ihrer Vorstellungen anhielt (und in der Parteizentrale einen noch handlicheren und mediengerechteren Auszug des Auszugs verfertigte); und sie daraufhin einfach vergaß. Die Mohren hatten ihre Arbeit getan und konnten gehn.

Es ist hier eine zwar traurige, aber nichtsdestoweniger richtige Stelle, einer schmalen Schicht von Wirkenden – man könnte sagen: einem Völkchen von Arbeitsbienen – Hochachtung zu zollen. Es sind das jene Fachleute, die sich im Mittelbau der Politik etabliert haben und im guten Sinn des Wortes die eigentlichen Systemerhalter sind. Sie haben wenig Dank, wenn sie, meist als »zentrale Notwendigkeit« einer Parteileitung auf Kandidatenlisten und ins Parlament geboxt, dort die gehobene Knochenarbeit erledigen. Das Höchste, was sie erreichen: als unentbehrlich empfunden und bezeichnet zu werden. Sie tragen die Ausschußarbeiten, bewahren den Gesetzgeber vor mancher Blamage und werden dafür von jenen Abgeordnetenkollegen, die laut Selbstbeurteilung die echten Volksvertreter mit Verbindung zum Volk sind, scheel angesehen und nicht für voll genommen.

Ein ganz anderes und eigenes Kapitel wären jene Wissenschaftler, die im Bannkreis der Politik und in der Einflußsphäre der beiden großen Gruppierungen des Landes kleine Beiträge bis mittlere Werke publizieren, von uneinheitlicher Qualität und mehr oder weniger einsichtigem Nutzen für die jeweiligen politischen Kräfte. Ich erkläre mich, der ich diesfalls ein bloßer Leser mit selten ausreichendem Sachverstand bin, für einen Blick hinter diese Kulissen als nicht kompetent genug. Die Übergänge zwischen zusammenfassenden Broschüren protegierter Versager und originellen Würfen selbständiger Gehirne sind fließend. Da und dort läßt sich ein Edelstein zwischen viel taubem Geröll finden.

1.3 Die mißbrauchte Meinungsforschung

Die Meinungsforscher versichern uns, politische Aufträge im engeren Sinn machten nur einen Bruchteil ihrer Arbeit und ihrer Aufträge aus, kaum der Rede wert. Was sie nicht gerne dazusagen: über diesen Bruchteil wird gesprochen. Er bildet Werbung (unbezahlt) und Renommée (zweifelhaft) der Berufssparte, die im übrigen vor allem im Solde der Wirtschaft verschwiegen forscht. »Verschwiegen« heißt nicht, daß die Arbeit, zum Beispiel die Suche nach Marktlücken und Bedürfnissen, den Anstrich der Amoral hätte. Entweder aber sind die Ergebnisse für die Öffentlichkeit uninteressant oder für die Konkurrenz des Auftraggebers und Zahlers allzu interessant, um sie publik werden zu lassen.
Dieses Publik-werden-Lassen ist die Crux der Meinungsforschung bei den politischen Umfragen. Die Branche fürchtet ja dreierlei: Daß ihr bestimmte Fragen, in denen bereits der Keim von Unseriosität oder unseriöser Verwertbarkeit steckt, vorgegeben werden; daß mißzuverstehende Ergebnisse mißverständlich veröffentlicht werden; daß gewisse Resultate halb publiziert, also Halbwahrheiten mit voller Absicht den Medien überantwortet werden.
So wie politische Umfragen nur einen kleinen Teil aller Umfragen darstellen, so sind die vom Auftraggeber publizierten Daten aus politischen Umfragen in der Regel nur ein kleiner Teil dieser von Parteien, Interessengruppen oder Ministerien gewünschten Befragungen. Viele politische Umfragedaten sind und bleiben nur dem Forschungsinstitut und dem dafür bezahlenden Auftraggeber bekannt. Ersteres darf sie nicht, letzterer will sie nicht publizieren. Mit anderen Daten prahlt ein Spitzenfunktionär ganz offiziell in einer Pressekonferenz. Und wieder andere Umfrageergebnisse läßt man gezielt an gewisse Adressaten und Redaktionen sickern, die zwar ahnen oder wissen, welch halbe Wahrheiten, halbe Lügen also, ihnen da frei Haus geliefert werden, die aber trotzdem zugreifen und die Informationen verwerten. Diese Verwertung übrigens, von der Problematik der Schlagzeile über die oftmalige Schlamperei des Redakteurs bis zur Platznot (leider nur zwanzig verfügbare Zeilen statt der mindest erforderlichen vierzig) verwandelt die Halb- zur Viertelwahrheit – und manchen Meinungsforscher vom kühlen Fachmann zum Rumpelstilzchen.

Solche fragwürdigen Veröffentlichungen schaden, über den Tag hinaus, allen: der Gruppe (Partei), die so offenbar der Urheber des Informationslecks ist und die's, wie es scheint, nötig hat, zu solchen Mitteln zu greifen; dem eigentlichen Informanten, einer Person also, dessen Unseriosität sich erweist oder bestätigt; und freilich auch schadet solches der meinungsforschenden Firma, deren Ruf leidet, da ja ihr Name meist genannt wird.

Die Primitivität solcher »Informationen« und der daraus resultierenden Schlagzeilen ist oft erschütternd. Man liest »ÖVP jetzt zwei Prozent vor SPÖ« und erfährt nicht die absoluten Zahlen, nicht, ob es sich um Roh- oder zugerechnete Daten handelt, nicht, wann genau der Befragungszeitraum war, und manchmal nicht einmal, ob es sich um eine repräsentative Umfrage mit 1500 bis 3000 Befragten handelte oder nur um eine telefonische Blitzumfrage bei 300 Personen.

Für politische Funktionäre muß die Versuchung, momentan gute Umfragedaten in die Medien zu tragen, bisweilen unwiderstehlich sein. Denn zwischen den Versuchungen versichern Zentral- und Generalsekretäre einander und dem Publikum immer wieder, ab sofort keine Meinungsforschungsergebnisse mehr veröffentlichen zu wollen. In diesen hellen Augenblicken wissen diese Spitzenpolitiker nicht nur um die Unseriositäten der Praxis (die kennen sie auch in ihren dunklen Momenten), sondern auch um die mittel- und überhaupt längerfristige Nutzlosigkeit solcher minderen Manipulationsversuche. Doch schon eine Woche später leiden sie unter dem Antonius-Syndrom und erliegen den von mehreren Seiten auf sie eindringenden Versuchungen.

Deren wichtigste ist stets, daß mit guten Daten die eigenen kleinen Funktionäre kurzfristig ermutigt und die Funktionärsbasen des Gegners auf einige Tage hinaus verstört werden können.

Die Professionals der Meinungsforschung versichern immer wieder glaubhaft, daß ihr Geschäft, falls seriös betrieben, weder gut noch schlecht sei. Nur die öffentliche Manipulation der Daten zeitige das Übel, führe also zu einer Manipulation der Öffentlichkeit durch bestimmte Zahlen. Als stehendes Beispiel nennen die Forscher den Unfug, von allzu kleinen Werten unter Hinweis auf die Bewegung von Zehntelprozenten ein Auf und Ab ablesen zu wollen. Bei Parteipräferenz-Umfragen betrifft dies etwa die Werte der Grünen, der Alternativen, der FPÖ oder der KPÖ. Die Fehlerquote sei da viel zu breit, um irgendeine sinnvolle Aussage zu erlauben.

Die von Parteien immer wieder georderten Erkundigungen nach dem Bekanntheits- und Beliebtheitsgrad einzelner Politiker wirken wie Gift, das sich jemand selbst einträufelt. Da braucht davon gar nichts an die Öffentlichkeit zu dringen. Das Fernsehzeitalter vervielfacht den Vorteil, den – bei sonst gleichen politischen Fähigkeiten und sogar gleicher unmittelbarer Wirksamkeit auf Wähler – der telegenere Funktionär gegenüber seinem weniger bildschirmgerechten Konkurrenten genießt. Und nun gar die Nummer 15 oder 18 in der Parteihierarchie, die so selten zu einem TV-Auftritt kommt! Oder die unerwartet gute Benotung der Nummer 17, die aus Aktualitätsgründen kürzlich viermal hintereinander in der »Zeit im Bild« zu hören und vor allem zu sehen war!

Im Gegensatz zu dieser Selbstvergiftung, auf die große Parteien aber von Zeit zu Zeit nicht verzichten zu können glauben, steht eine Art äußerst fragwürdiger Entschlackung mit Hilfe der Meinungsforschung. Es ist üblich, daß die Ansicht der Wählerschaft über die persönlichen Eigenschaften von Präsidentschafts-, Kanzler- und anderen Spitzenkanidaten ab- und umgefragt wird. Die Parteizentrale und damit das Wahlkampfbüro erhält dadurch ein imaginäres, aber für die Öffentlichkeitsarbeit äußerst wichtiges Persönlichkeitsprofil mit Stärken und Schwächen, geboren aus undeutlichen Gefühlen einer Reihe von Testpersonen.

So weit, so gut. Nun aber bewirbt mittels dieses Umfragewissens die Partei ihre Kandidaten per Plakat, Inserat oder Postwurfsendung – nicht etwa, indem es die starken Seiten und Eigenschaften des Werbesubjekts herausstellt. Im Gegenteil! Jemand, der den Leuten (ob zu Recht oder zu Unrecht, bleibt außer Ansatz) ein wenig zu undurchsichtig erscheint, wird unter oder ober seinem treuherzig wirkenden Porträt in großer Schrift als »offen« präsentiert; oder einer, den die Leute prima vista zwar für klug, nicht aber für menschlich/vertrauenswürdig halten, wird als sympathisches, erprobt hilfsbereites Wesen beworben.

Dieserart wird der Profilbaum der persönlichen Eigenschaften korrigiert. Käme die Werbung an ihr erklärtes Ziel, dann steht, wir übertreiben jetzt ein wenig, der zunächst so verschlagen wirkende Politiker als Sinnbild der Ehrlichkeit und der als unbeholfen eingestufte als Troubleshooter und Macher für alle Jahreszeiten da.

Eine solche Manipulation kann natürlich nur mit Teilerfolgen rechnen. Sie führt aber zu einem sicher nicht erwünschten Nebeneffekt: Im Unterbewußtsein merken auch die einfacheren Menschen, daß da etwas nicht stimmt und daß »die Politiker« oder »die Parteien« schon wieder mit schmutzigen Tricks arbeiten. Das Vertrauen vermindert sich, Mißtrauen und Verdrossenheit wachsen.

Was können die Meinungsforscher dagegen tun, daß ihre wertfreie, weder gute noch schlechte Arbeit von der heutigen Politik in Österreich so vielfältig mißbraucht wird? Wahrscheinlich wenig bis nichts. Manche der Firmen, die forschen, haben es sich selbst zuzuschreiben, daß sie als VP-nahe oder SP-nahe gelten. Die Kritik, die in solchen Bezeichnungen mitschwingt, bezweifelt nicht Qualität und Seriosität der Feldarbeit. Die Parteien sind ja gar nicht daran interessiert, falsche Einschauberichte in die Bevölkerungsmeinung zu erhalten. Aber man weiß, bei wem die Partei A vornehmlich arbeiten läßt und bei wem die Partei B. Mancher Leiter eines solchen Instituts macht auch, bei aller fachlichen Hochangesehenheit, kein Hehl aus seiner eindeutigen Parteipräferenz.

Schließlich: Die Parteien selbst hegen in ihren sogenannten Grundsatzabteilungen Mitarbeiter, die viel von Meinungsforschung verstehen und eng mit den eigentlichen Firmen zusammenarbeiten. Es stünde zu erwarten, ja zu befürchten, daß bei eventueller Abstinenz der Forschungsinstitute die Parteien selbst mehr schlecht als recht Forschung betrieben – etwas, das sie ohnedies bereits ansatzweise tun.

Was bleibt, ist auch hier ein sich aufdrängendes Bild politischer Abartigkeit: Parteien und Politiker, die sich unter die von ihnen selbst zu erfahren gewünschte Volksmeinung ducken, die darunter leiden und stöhnen. Die aber zugleich diese erforschte Meinung mißbräuchlich wieder zurückstreuen in die Medien, um billige, nur kurz wirkende Nachlaufeffekte zu erzielen; die aus der eigenen Unsicherheit heraus ihre besten Persönlichkeiten quasi bespitzeln lassen, um zu erfahren, was man »wirklich« über sie denkt und wie sie bei den Leuten ankommen; und die nicht davor zurückschrecken, durch eindeutig manipulative Handlungen Meinungen ändern zu wollen, ohne jene Personen oder Handlungen oder Tatsachen ändern zu können, auf Grund derer sich die Meinungen bilden.

1.4 Wozu diese Orgel?

Medien, Experten, Meinungsforscher: sie haben in ihrer Beziehung zur Politik das Schillernde, Dialektische, das Geben und Nehmen gemeinsam. Politik kann auf sie entweder mehr hören oder mit ihnen mehr bewirken wollen. Unter dem Strich scheint herauszukommen: Der bereits selten gewordene unkomplizierte, ja naive Politiker, der mit den drei Faktoren, den Medien im weitesten Sinn also, unbefangen und natürlich umgeht, erreicht nicht so viel weniger als der andere, der Phantasie, Mühe, Zeit und Geld in das Lernen und Ausüben dieses Spiels auf den vielen Manualen der politischen Orgel investiert.

Der Organist spielt zwar sehr viel scheinbar Bedeutsames, in Wahrheit ist aber sein Spiel überwiegend l'art pour l'art. Er zieht lediglich viele, darunter auch drogenfreisetzende Register. Die Töne gehen zwar kurzfristig wohlig ins Parteiohr. Was aber bewirken ihre Schwingungen wohl auf längere Sicht?

Medien, Experten, Meinungsforschung: Es sind dies formale Kategorien, geradezu Hülsen, die so oder anders gefüllt, die liebevoll oder lieblos, kunstvoll oder kunstlos behandelt werden können. Ohne sie, die Medien im weitesten Sinn, ohne ihre Existenz und ihr Wirken, wären Rechtsstaat und Demokratie nebst ihren oft seltsamen Entwicklungen und Auswüchsen dennoch kaum denkbar. Mit Sicherheit aber wären Rechtsstaat und Demokratie nicht Bestandteil unseres täglichen Lebens und Denkens, wie sie es nun einmal sind.

Medien, Experten, Meinungsforschung: wir werden ihnen auch im weiteren Verlauf unserer Betrachtung immer wieder begegnen. Sie sind, in den Händen oder im Genick der Politik, Krisenwerkzeuge. Ihr Ruf hat in dem Maß gelitten, in dem sie mit der Politik in Berührung gekommen sind. Allerdings könnte ein Sophist auch das Umgekehrte behaupten: Seit die Politik sich der Medien, der Experten und der Meinungsforschung so intensiv bedient, seien Ansehen und Qualität von Politik und Politikern in den Keller gerutscht.

Das sind schmerzliche und verletzende Befunde. Es wird neuer moralischer Kräfte, es wird einer Katharsis, einer Neubesinnung und eines Neubeginns bedürfen, um die politisch solcherart Verbündeten aus der Krise herauszuführen.

Bei den Medien im engeren Sinn, in die ich tiefere Einblicke habe, sehe ich noch keinen Ansatz zur Besserung. Dies ist sogar eine beschönigende Wendung. Denn eigentlich spüre ich noch allenthalben den Wind moralischer und handwerklicher Talfahrt. Soviel und nicht mehr; denn unsere Hauptthemen sind nicht Zerknirschung und Selbstkritik.
Ähnlich selbstkritische Töne hört man auch von Insidern der beiden anderen Bereiche, jenen der Wirtschaft, der die mit der Politik in Verbindung getretenen Fachleute angehören, und jenen der Meinungsforschung. Ich will aber nicht dahin mißverstanden werden, daß ich auch in diesen Sektoren, die ich von innen nicht kenne, von »moralischer und handwerklicher Talfahrt« gesprochen hätte.
Gemeinsam ist der erwähnten Verwandtschaft nur die gegenseitige Durchdringung mit der Politik, also mit jener Gestaltungskraft oder -schwäche, die wiederum unsere Republik Österreich prägen, zusammenhalten und deren Zukunft maßgeblich bestimmen soll. Und gemeinsam ist dem in Rede stehenden Dreigestirn die zwar nicht allumfassende, aber doch an viel zuvielen Stellen deutlich spürbare Korruption und Korrosion durch die Politik.

2. Die grüne Auflösung der Wirtschaft

2.1 Verunsicherung und frühes Leid

Nicht nur Politik war früher einfacher als heute, sondern auch Wirtschaft; solche Binsenweisheiten muß man von Zeit zu Zeit außer Streit stellen. Noch vor fünfundzwanzig Jahren folgte Österreich gehorsam der Leitlinie des Wiederaufbaus nach dem Krieg, am Ende jener der Vollendung und Abrundung dieses Wiederaufbaus. Noch vor zwanzig Jahren kreiste alles um den Fetisch Hochkonjunktur, noch vor fünfzehn Jahren wurde nicht ernstlich bezweifelt, daß Maximierung des Wirtschaftswachstums der Ziele wichtigstes sei.
Dann allerdings ging's Schlag auf Schlag. Dem aufrüttelnden, wenn auch zu kühn-pessimistischen ersten Bericht an den Club of Rome

über die »Grenzen des Wachstums« folgte unmittelbar die sogenannte erste Energiekrise. Daraufhin war die Welt, vor allem die der Ökonomie, nicht mehr so wie vordem. Mehr noch: Es führte und führt keine Straße in die schöne alte Zeit vor 1972/73/74 zurück. Die explodierende Technologie der Mikroelektronik hat nun die letzten Schleichpfade in die Vergangenheit unpassierbar gemacht.

Drei Phänomene also waren es, die auch die österreichische Wirtschaft entscheidend trafen und zugleich jene Gesinnung erwachen und wachsen ließen, die man seither »grün« zu nennen pflegt. Wer als Grüner gilt, trägt eine Punze wie ein Rechter oder Linker. Jeder auf Genauigkeit der Begriffe versessene Mensch fällt darob in Krämpfe; und doch vermag er nichts gegen die Wohltat der reflexartigen weltanschaulichen Assoziation, die sich bei solchen Stich- und Schlagworten sofort einstellt. Ob mehr, ob weniger treffend oder richtig: Man glaubt doch zu wissen, woran man ist und was gemeint sein soll.

Zwischen dem Naturschützer, der seine Kinder einst lehrte, daß und warum man im Wald keine leere Konservendose liegen läßt oder daß und warum man keinen Ameisenhaufen zerstören darf, und dem militanten Grünen unserer Tage liegen Welten. In der kleinen österreichischen Welt wurde der gewaltige Weg in rund zwei Jahren, zwischen Herbst 1976 und Herbst 1978, zurückgelegt. Für Bruno Kreisky eine Kleinigkeit: Zuerst verfügte er die große Aufklärungskampagne über Gefahren und Segnungen der Kernenergie, womit er der eben erst zum Bewußtsein ihrer selbst gekommenen grünen Elite eine unbezahlbare Kampfplattform baute. Und dann setzte er gegen die eigene Partei und gegen die Wirtschaft die Zwentendorf-Volksabstimmung durch, deren Ausgang den knappen Siegern das benötigte Selbstbewußtsein für die Zukunft lieferte.

Natürlich ist man nachher immer gescheiter. Wer hat damals die Aufklärungskampagne nicht begrüßt? Erst in ihrem Verlauf haben wir nach und nach begriffen, welchen Schaden ein aggressives Gemisch von Information und angstmachender Erfindung in den Köpfen der Leute anrichten kann. Es ist mir noch gut in Erinnerung, wie sehr mich die Agitatoren Paul Blau (im Auditorium Maximum der Technischen Universität Wien) und Bernd Lötsch (im Salzburger Kongreßhaus) zugleich bewegten und empörten. Obgleich damals in einer verkrampften quasi-schiedsrichterlichen Äquidistanz zwischen Atomgegnern und -befürwortern verklemmt, begann ich zu verstehen, was gekonnte Demagogie zu bewirken vermag.

Zunächst ärgerte ich mich allerdings über die Reaktion der Energiewirtschaft, die, meiner Einschätzung nach, den Demagogen der Gegenseite willig ins Reich der Unseriosität und der Halbwahrheiten folgte. Dann dämmerte mir nach Anhörung und Anlesung vieler Experten, daß über die Nutzung der Kernenergie jede denkbare Meinung in Umlauf gesetzt und als wissenschaftlich ausgegeben werden kann. Ohne jemals ein wirklich begeisterter Anhänger der thermonuklearen Stromerzeugung geworden zu sein, nahm ich als Praktiker die auf der Hand liegenden Vorteile als schwerer wiegend wahr als die viel undeutlicheren oder bloß behaupteten Nachteile.

Vor allem aber stießen mich die hysterischen Angsterzeugungskampagnen mehr ab als die oft reichlich plumpen Vorführungen und Rechnungen, mit denen die E-Wirtschaft die Sicherheit eines modernen Kraftwerks zu beweisen suchte.

Um das persönliche Einsprengsel abzurunden: Mir war nach den Erfahrungen der sogenannten Aufklärungskampagne noch keineswegs klar, daß sich eine über den Anlaßfall hinaus aktive grüne Kerngruppe gebildet und eingeübt hatte. Es folgte für den innenpolitischen Journalisten einer Tageszeitung ja die Auseinandersetzung mit dem Volksabstimmungsbeschluß Kreiskys (Juni 1978), mit dem zweiten Kreisky-Entschluß im Oktober über die vermeintliche Verknüpfung seines politischen Schicksals mit jenem des Abstimmungsergebnisses – und schließlich die Befassung mit dem überraschenden Resultat der Zwentendorf-Abstimmung selbst am »heimlichen Nationalfeiertag« der österreichischen Grünen, dem 5. November.

Nun gab es Sieger. Plötzlich merkte auch eine breitere Öffentlichkeit, daß »anti-atom« und »grün« verwandt bis identisch waren und daß das auf den Plan Getretene – in oft sehr unguter Weise – über die Staatsgrenzen hinaus – und noch mehr hereinlappte. Grüne waren aber auch Umweltschützer (oder wurden so genannt), Umweltschutz wurde das Gebot der Stunde, und ihr Schlachtruf wurde zu einer Massenbewegung, zumindest zu einer Masseneinstellung. Angst vor aufgezehrten Rohstoffen, vor dem Konsum nicht erneuerbarer Ressourcen, vor einer grauen Zukunft erzeugten eine schwer bestimmbare, undefinierbar gemixte Modeströmung. Sie hätte in ihrem guten Kern mehr sein können, als sie auf ihrem Höhepunkt in der ersten Hälfte der achtziger Jahre tatsächlich gewesen ist.

In Österreich geschah nun etwas, das in der Bundesrepublik Deutschland, wie meist, schon geschehen war. Einerseits unterwanderten die unzufriedenen Nachfahren der Achtundsechzigergeneration, die es bei uns ja nie wirklich gegeben hatte, die Grün-Bewegung oder entdeckten zumindest deren Möglichkeiten für sich. Es ging ihnen um eine radikal andere Politik, eine weit über sich selbst hinausschießende Demokratisierung, ein schonungsloses In-Frage-Stellen aller herkömmlichen Autorität, um den Sozialismus in einer wieder einmal neuen Art und in einer völlig aufgelösten und verunsicherten Gesellschaft.

Dieser im gebräuchlichen Spektrum weit links angesiedelten, durch und durch ideologisierten Gruppe, die freilich wiederum in viele Untergrüppchen und Meinungen zerfiel, entsprachen anderseits weder von Ideologie noch gar von linker Ideologie angewehte Möchtegern-Politiker. Sie witterten in der Grün-Bewegung gleichfalls ein Vehikel für eine Art Mini-Machtergreifung. Letztgenannte waren es, die für die lachhafte Registrierungswelle von sechzig und mehr Grün-Parteien beim Innenministerium verantwortlich zeichneten. Oder doch nicht verantwortlich für alle diese vorsorglichen Namens-Patentanmeldungen? Ehre, wem Ehre gebührt: Auch die »großen« Parteisekretariate setzten immer wieder Vertrauensleute in Marsch, um allzu griffige Grün-Namen für Phantomparteien zu blockieren.

Ein sehr natürlich scheinendes Zusammenspiel mit ortsgebundenen Bürgerinitiativen bescherte den Grünen oder Alternativen oder Grün-Alternativen in Österreich drei größere Wahlerfolge: bei den Salzburger Gemeinderatswahlen 1982, bei den Grazer Gemeinderatswahlen 1983, bei den Vorarlberger Landtagswahlen 1984. Ihre größte Wahlenttäuschung erlebte die Grün-Bewegung bei den Nationalratswahlen 1983, als sie, aussichtsreich im Rennen liegend, an der klassischen grünen Indisposition scheiterte: politisch unerfahrene oder in ihrer menschlichen Qualifikation fragwürdige Führungspersonen; Auseinanderfallen in eine linke und eine rechte Neupartei; eine wirklich zu naive oder gar keine Programmatik.

In den Altparteien bewirkte der grüne Bazillus zwischen 1978 und

1983 aus pragmatischer Sicht mehr Gutes als Schlechtes. Umweltbewußtsein wurde geweckt und gestärkt, da und dort wurde die Bundesregierung, wurden Landesregierungen im ökologischen Sinn sehr nachdrücklich aktiv. In der Opposition stieg der phantasievolle Erhard Busek, grüne Ideen speiend wie ein Flammenwerfer Flammen, zunächst zum Wiener Vizebürgermeister und dann zur Verkörperung bürgerlichen Grün-Denkens überhaupt auf.
Der Wirtschaft allerdings ging es zu dieser Zeit nicht gut, schon lange nicht mehr. Daran waren überwiegend übernationale Erscheinungen schuld: die Auswirkungen zweier Energiekrisen, ein zerrüttetes internationales Finanzsystem mit schwer gestörten Beziehungen, die unbewältigte Krise der unterentwickelten Länder, die von millionenfachem Computereinsatz mitverursachte Arbeitslosigkeit in der westlichen Industriewelt. Schon diese nicht auf Österreich beschränkten Störfaktoren zeigten in schmerzlicher Weise die Hilflosigkeit der Wirtschaftfachwelt angesichts ganz verschiedener Wurzeln des Übels. Hier zügellos galoppierender technischer Fortschritt in einer altstrukturierten, unvorbereiteten Soziallandschaft, dort lockere Mehrausgaben trotz Mindereinnahmen, hier machtpolitischer Egoismus der Besitzenden, dort nachgiebige Schwäche der Regierenden, hier falsche Planungen, dort Fehlspekulationen.
Unsere Republik blieb davon nicht verschont und hatte teil an der Entwicklung. Obendrein betrieb man aber bedenklichen Eigenbau. Das Bundesbudget trug von einer in den späten siebziger Jahren mehr zugelassenen als planmäßig gewollten Verschuldungspolitik bleibenden Schaden davon, weil, wie alle Fachleute schon im voraus gewußt hatten, die nachfolgende leichte Wirtschafterholung nicht genügen würde, einer gleichbleibend aufs Nichtsparen ausgerichteten Finanzpolitik irgendeine Sanierungschance einzuräumen.
Die Leistungsforderungen stiegen, der Leistungswille blieb zurück. Die im internationalen Vergleich noch immer recht bescheidenen Arbeitslosenzahlen erwiesen sich bei näherem Hinsehen als mehrfach falsch oder gefälscht: durch gewisse statistische Aus- und Annahmen einerseits, durch Frühpensionierungen und durch eine in die Zehntausende gehende überflüssige Arbeiterarmee in der verstaatlichten Industrie anderseits.
Dort, in der »Verstaatlichten«, begann es im Gebälk zu knistern – die

Regierung übertönte das bedrohliche Geräusch mit Lobliedern. Im Fremdenverkehr häuften sich die Alarmsignale – man brüstete sich weiter mit punktuellen Werbeeinfällen, anstatt gezielt und ideenreich an Infrastrukturen oder Nationalparks heranzugehen. Auch einen Gutteil der schönen Exporterfolge durfte man nicht näher unter die Lupe nehmen. Man hätte sonst ungerechtfertigt niedrige Preise entdeckt, die letztlich auf irgend jemandes Kosten gehen mußten. Meist war es die ohnedies durch übermäßige Besteuerung geschwächte Substanz der Unternehmungen, die litt.
Nein, weder ging es der Wirtschaft gut noch der sie stabilisierenden Sozialpartnerschaft, als die grüne Bewegung nach der Atomvolksabstimmung 1978 zum zweiten schweren Schlag ausholte und im Dezember 1984 abermals voll traf. Gemeint ist weniger die konkrete Verhinderung eines bestimmten großen Donaukraftwerks als die potenzierte psychologische Wirkung, die von diesem Geschehnis auf Wirtschaft, Wirtschaftspolitik und Politik ausgegangen ist.

2.2 Die traumatische Au

Die Ereignisse in der Hainburger Au wurden oftmals verzerrt dargestellt, und das nicht nur von den siegreichen Grünen und Auschützern. Dennoch darf man das, worum es ging und vor allem, was unmittelbar bewirkt wurde, als so bekannt voraussetzen, daß zwei Erinnerungssätze genügen: Es ging um die Blockierung des formal rechtmäßigen Baubeginns des Kraftwerks Hainburg durch vorgeblich »gewaltlosen Widerstand«. Bewirkt wurde letztlich, daß dieses ökonomisch optimale, ökologisch sicher nicht unbedenkliche Projekt aus politischen Überlegungen nicht realisiert werden wird.
Die mittelbaren Auswirkungen des Nachgebens der Bundesregierung gegenüber wenigen tausend Grün-Aktivisten und fanatisierten Mitläufern waren und sind unabsehbar. Unter Beiseitelassen jeder Schuldzuweisung (Schuld lag auf beiden Seiten vor, von Dummheit über Ungeschicklichkeit bis zu Schwäche und Starrsinn), unter Absehen also von Verhaltenswertungen muß eingestanden werden, daß die Wirtschaft schwer getroffen aus der Schlacht von Hainburg hervorging.

Wo anfangen? Vielleicht bei den ganz konkreten Folgen. Die Vorbemerkung mag befremdlich klingen, daß die Schätzungen des Schadens, der durch den Ausfall des Kraftwerks Hainburg zu tragen ist, um Größenordnungen von mehr als 100 Prozent und mehr als 50 Milliarden Schilling differieren. Die Höhe der volkswirtschaftlichen Einbuße hängt, ohne daß dies hier breit erläutert werden könnte, von den unterschiedlichen Annahmen der Lebensdauer des Projekt gebliebenen Kraftwerks ebenso ab wie von den Varianten der Ersatzwerke und ihren Investitionskosten, von denen man nur weiß, daß auch das ökonomisch beste um Zigmilliarden Schilling unrentabler sein wird als das Laufkraftwerk Hainburg. Wie auch soll man die künftigen Strompreise einkalkulieren, »normal« oder krisenhaft bedingt? Alles in allem: Unsere Nachkommen werden's schon in irgendeiner Währung bezahlen. Aber wir sagten schon, daß sogar die unglaublich vielen Milliarden, die am Grün-Altar von Hainburg geopfert wurden, vermutlich nicht die schlimmsten Folgen des Dezember 1984 darstellen. Auch sind wir das Jonglieren mit Milliardenverlusten schon gewohnt, man stumpft rasch ab. Wahrscheinlich belebt man sich nicht einmal so ohne weiteres bei der Vorstellung, daß alles auf Heller und Pfennig irgendwann einmal beglichen werden muß, wir verließen uns denn auf irgendein unabsehbares Chaos, einen Gesamtzusammenbruch oder auf die Illusion fortgesetzter Gaukelei.

Erst später, im folgenden Abschnitt, wird die kapitale rechtsstaatliche und ordnungspolitische Verunsicherung durch den Ablauf und die Nachspiele der Hainburger Ereignisse zu Buche schlagen. Hier und jetzt muß eine andere Verunsicherung festgehalten werden: die der gesamten österreichischen Energiepolitik. Es zahlt sich heute einfach die Unterscheidungsmühe nicht mehr aus, die vielen aus Ablenkungsgründen hingeschwindelten Zahlen-, Prognose- und sonstigen Werte eingehend zu studieren. Die Feststellung ist kaum übertrieben, daß jede politische Kraft ihre Gründe hat, gegenwärtige und künftige Energiedaten nach Gutdünken auf- oder abzuspecken.

Nicht nur Grüne sind beispielsweise an der Versicherung interessiert, Österreich benötige bis in die Mitte der neunziger Jahre keinen Strom aus zusätzlichen großen Kraftwerken. Nicht nur Grüne wollen uns einreden, daß Strom aus einem fix und fertigen Kernkraftwerk teurer ist, als wir ihn uns leisten könnten. Der freiheitliche Handelsminister kann als Minipartner der Regierungskoalition zwar sehr wenig aus eigenem tun. Aber kein noch so starker andersdenkender Partner kann ihm verbieten, die tollsten energiepolitischen Fahrpläne in seinem Ressort ausarbeiten zu lassen.

Auch wer gewohnt ist, die Ergebnisse roter, schwarzer, blauer und andersfarbiger Rechenexperten nur mit äußerster Reserve zur Kenntnis zu nehmen, wird verwirrt auf der Strecke bleiben. Daran ändert die scheinbare Schlüssigkeit und Informationsschwere einzelner amtlicher Papiere und Broschüren rein gar nichts. Und daran ändert auch wenig die zeitweilige Einsetzung eines Regierungsbeauftragten für den Donauausbau und dessen sachkundige Arbeit, die jedoch schon ex definitione seines Amtes nicht unabhängig sein kann.

Mit voller Härte traf Hainburg freilich die Wachstumsideologie. Wer nun meint, das wenigstens sei begrüßenswert, überlegt nicht gründlich genug. Die Aktivisten, die »Hainburg« schon lange vorher als blendende Gelegenheit zum Widerstand ausgespäht und geplant hatten, waren ja nicht die Auschützer im eigentlichen Sinn, die romantischen Ästheten der wuchernden Wildnis, die Biologen und Arterhalter jeder Denkschule, schon gar nicht die aus jugendlichem Idealismus oder aus Feschheits- und Modegründen mitgelaufenen Studenten. Nein, die Drahtzieher waren – von einigen wirklich argen Infiltraten der bundesdeutschen Profi-Demonstrantenszene abgesehen – radikale Grün-Denker mit entsprechend radikalen Gesinnungen.

Sie wollten und wollen den alten Wachstumsbegriff nicht etwa durch gewogenes qualitatives oder bewertetes Wachstum ersetzt sehen, was so verdächtig nach Beschönigung und allgemeinem Konsens riecht, sondern durch den Wachstumsfluch. Sie sagen es selten so direkt, sondern nähren (auch bei sich) den Wahn, binnen kurzem bei rückläufigem Energieverbrauch eine Entindustrialisierung bewirken zu können. Energiekonsum sei, lehren sie, grundsätzlich des Teufels, da wir die ökologisch schädliche Gesamtwärmebelastung senken müssen, nicht aber weiter erhöhen dürfen.

Aus groß mach klein, aus schmutzig rein, könnte man reimen. Das hört sich verführerisch an. Das grenzt ja durchaus an jene Vernunft, die tatsächlich Eingang in unser aller wirtschaftliches Denken finden und dort langfristig Umbauprozesse zugunsten ökologisch verträglicherer Größen bewirken sollte.

Wirklich gefährlich ist ja nicht das mit Händen zu greifende Absurde und Widervernünftige. Den Versucher, der einen in den Abgrund springen hieße, lacht man aus, nicht aber den, der einem, mit Teufelslist, das Fliegen beizubringen verspräche.
Eine schöne Au ist wünschenswerter als eine häßliche Baustelle. Lebewesen sind liebenswerter als Beton. Auschützer sind Menschen zum Anfassen und Diskutieren, Juristen und Bauarbeiter nicht so sehr. Und, um wieder zu Wachstum und Energie zurückzukehren: Wirtschaftswachstum ad infinitum ist ein Krebsgeschwür. Wirtschaftswachstum frißt Energie, Energie frißt Natur. Je mehr Energie, desto mehr Energieverschwendung. Ist nicht erwiesen, daß wir 20 Prozent unseres Energieverbrauchs ohne Entzugserscheinungen jedweder Art einsparen könnten?
Da steht der Unentschlossene unsteten Blicks. Sein Zweifel an der raschen Machbarkeit des grundlegend Anderen wird in perverser Weise zerstreut durch das offensichtlich allzu sture Beharren der direkt Angesprochenen auf dem Althergebrachten. Konkret: Das Publikum der Ereignisse von Hainburg, auf dessen Meinung es natürlich sehr ankam, spürte genau die unflexible Durchzieh-Mentalität der Donaukraftwerke AG, der Gewerkschafter, der letztverantwortlichen Bescheiderlasser Bundesminister Günter Haiden und Landesrat Ernest Brezovsky.
Doch dahinter stand eine weitere schiefe Tatsache. Während sich private Klein- und Mittelbetriebe im Lauf der Jahre mehrfach an die generellen ökologischen Erfordernisse des Energiesparens, der Umstellung auf umweltfreundlichere Produktionen und Produkte gehalten hatten, war dies bei den verstaatlichten, halbstaatlichen, pseudostaatlichen und zentralgelenkten Wirtschaftsapparaturen nicht so gewesen.
Der oberflächliche Betrachter, also die Mehrheit, schloß daraus zweierlei: Großunternehmen und -apparaturen sind grundsätzlich umweltfeindlich, konsensunwillig, in jeder Hinsicht aufs Verschwenden angelegt. Die Assoziation mit Energie, sei's deren Erzeugung, sei's deren Verbrauch, lag abermals nahe. Die vernünftige Mitte war gar nicht so leicht auszumachen: die Forderung, daß allem Großen und Zentralen zugesetzt werden müsse, die eigene Größe auf ihre Unumgänglichkeit zu überprüfen; daß Berufene auch von außen das-

selbe zu prüfen hätten; daß die in der Größe angelegte Tendenz zur Verschwendung schärfer und öffentlicher als bisher zu kontrollieren sei; daß aber weder der Vernichtungsfeldzug wider jeden wirtschaftlichen Großkomplex sinnvoll noch die schlampige Gedankenverbindung zwischen Großkraftwerk, Verschwendung und Energiesparen vernünftig wäre.
Als die Bundesregierung nachgab und schließlich das Projekt Hainburg ganz fallenließ, war das für Millionen Österreicher auch ein augenfälliger Sieg der Gegner über die Befürworter des Wirtschaftswachstums. Es mußte doch hinter dem Zurückweichen, diesem In-die-Knie-Gehen der Staatsgewalt mehr, nämlich eine grundsätzlich dämmernde Erkenntnis, stehen als nur sozialdemokratische Scheu vor der Exekutierung des Rechts.
Das dürfte übrigens eine Eigenheit des Österreichers sein, dieses Hinter-die-Kulissen-Denken. Und diese Spezialität ist wohl auch eine Folge der weit überdurchschnittlichen rhetorischen Verlogenheit unserer Politiker. Entweder hat man eine ihrer Aussagen schon dutzendemale gehört, oder sie ist inhaltslos oder wirkt unglaubhaft – und leider oft alles zusammen.
Also konnte eine Art innerer Einsicht der Regierenden vermutet werden. Also brauchen wir die Milliardeninvestition genausowenig wie die 800 Megawatt aus dem Donauwasser? Haben also die Grünen doch recht, wenn sie das Wirtschaftswachstum in der Gegend der Hölle ansiedeln? Im Unterbewußtsein könnten die nächsten Fragen längst schon halberwacht spuken: Ist also doch Schwindel, das Gerede vom Strom aus Wasserkraft als sauberste Energie? Alles nicht notwendig? Was ist dann notwendig? Leistung etwa, Fleiß? Betrügt uns da nicht jemand? Hatten *wir* etwa Zeit, tagelang in der Hainburger Au zu kampieren? Und die da unten bekamen doch recht?

2.3 Der Knacks im ökonomischen Bewußtsein

Die Zeit heilt Wunden, vorerst aber nicht die Wunden von Hainburg. Alle, die das behaupten, schwindeln aus irgendeinem Grund. Ich habe einen führenden Politiker dreizehn Monate danach buchstäblich mit den Zähnen knirschen gehört, als das Gespräch auf dieses

Thema kam. Wir werden, ohne daß ich Hainburg zur Drehscheibe der Republik-Krise hinaufstilisieren möchte, darauf im nächsten Abschnitt noch ausführlich zurückkommen müssen. Schließlich haben es Schlüsselereignisse, auch wenn sie nicht auf historischen Drehscheiben spielen, an sich, daß sie auf grundverschiedene Bereiche ausstrahlen. Sie haben es auch an sich, Wirkung und Ursache, Symbol einer gewesenen und für eine künftige Entwicklung zugleich zu sein.

Unmittelbar zur inneren, tiefergehenden Krise der Wirtschaftspsychologie gehören hingegen die Unstimmigkeiten, die schon in den frühen achtziger Jahren das ökonomische Bewußtsein der Menschen in unseren Breiten zu verwirren begonnen haben.

Blenden wir eineinhalb oder zwei Jahrzehnte zurück, so nehmen wir selbstverständliche Bejahung des Wachstums zwecks sozialer Besserstellung in allen Bezirken des Lebens wahr. Arbeitslosigkeit schien ein Randthema geworden zu sein, nur vorübergehend erwachend durch Saison- und Konjunkturschwankungen. Bürger und Wirtschaft lebten, wenn man will, psychologisch im Einklang.

Heute ist das anders geworden. Wäre es nur der Grün-Knacks, dann wünschte sich eine satte Bevölkerungsmehrheit – satt auf beides bezogen, Bevölkerung und Mehrheit – konsequenterweise den Vorrang des Umweltschutzes vor dem Wachstum: ein Mehr an zu verteilenden Gütern und Dienstleistungen also nur insoweit, als es sich mit der Schonung unserer natürlichen Reserven verträgt.

Angesichts der zweiten großen Sorge aber, der beharrlich zunehmenden Arbeitslosigkeit, gerät der Bürger in ein von den Meinungsforschern gut dokumentiertes Bewußtseinsdilemma. Die These »Mehr Arbeitsplätze durch Wachstum« erhält etwa eine 75-Prozent-Zustimmung. Eine ebenso große Majorität verbindet aber im assoziativen Frageverfahren das Wachstum mit der Umweltverschmutzung.

Nun sollte man nicht in verärgerter Voreile meinen, ein derartiger Widerspruch in den Einstellungen der Leute sei aus dem Wesen des Kräftedreiecks Wachstum – Umweltschutz – Arbeitsplätze nur logisch und die dritte Information aus der offenbar unerschöpflichen Umfragedatei – Wachstum für Arbeitsplätze geht vor Umweltschutz, Wachstum für mehr Wohlstand hingegen nicht – auch keine Überra-

schung. Was logisch ist oder zu sein scheint, kann nämlich psychologisch ziemliche Verwirrung anzeigen oder auslösen.
Ein deutscher Soziologe hat diesen nunmehrigen Mißklang zwischen Mensch und Wirtschaft mit der nicht aufzulösenden Spannung zwischen »grünen Gefühlen« und »technokratischen Argumenten« zu deuten versucht. Er wollte damit das Dilemma skizzieren, in dem nicht nur der Durchschnittsbürger steckt und in dem er sich nicht mehr zurechtfindet: Ohne Wirtschaftswachstum mehr Arbeitslosigkeit; mit Wirtschaftswachstum jedoch auch Wachstum der privaten Nachfrage; mehr private Nachfrage geht aber unfehlbar auf Kosten der Umwelt.
Vertieft wird das wirtschaftspsychologische Krisentrauma durch Behauptungen sprachgewaltiger Grünapostel, die alle Probleme für lösbar erklären und sogar geschlossene Systeme des Bessermachens anbieten. Das Teuflische daran: Manches klingt nicht nur plausibel, sondern ist es auch.
Ein Beispiel für viele ist das Energiesparen. Daß derartiges nicht nur richtig und gut, nicht nur denkbar und unmittelbar segensreich, sondern auch machbar sein und dennoch aus Wesensgründen des Menschen und der demokratischen Politik nur zu einem enttäuschend kleinen Teil stattfinden kann, empfinden viele als unerhört und skandalös. Manche steigen selbst dann auf die Barrikaden und gebärden sich als Fundamentalisten, wenn sie in persona weder bereit noch imstande sind, die berühmt-berüchtigten 20 Prozent verschwendeter Energie einzusparen.
Die Mehrheit hat für Barrikaden nichts übrig. Aber sogar jene, die sich nur von den Fransen des gewaltigen Informationsteppichs streifen lassen, werden von kühnen Visionen mitunter ein Stück mitgerissen. Wenig später bleiben sie enttäuscht, verunsichert und auch verbittert zurück, die wirtschaftliche Gegenwart als Fortwursteln empfindend und die angebotenen Therapien als Gaukelei durchschauend.
Unter solchen Zeitgenossen, und es sind nicht die schlechtesten und stumpfsinnigsten, befinden sich manche, die aus ihrem persönlich-seelischen Ziespalt ganz spezielle Konsequenzen ziehen. Nur wenige werden, und das vielleicht gar noch im Rahmen ihrer Midlife-crisis, zu Totalaussteigern. Die Mehrzahl jedoch fühlt ihr praktisches tägliches Bekenntnis zur Leistung schal werden, fühlt sich darin verraten

und verkauft, meint anwandlungsweise für ein falsches Ziel zu arbeiten, glaubt sich auch von der Obrigkeit in Stich gelassen.
Die Volkswirtschaft, als Summe unser aller Einzelanstrengungen, leidet darunter. Der einzelne wiederum leidet unter dem Erlahmen der Volkswirtschaft.
Ein damit eng verwandtes psychologisches Moment ist das der Ansteckung. Macht sich's der eine leichter und kein Hehl daraus, dann denkt sich der Nachbar gleich: Warum soll ausgerechnet ich? Dasselbe gilt für eine gewisse Infektionsbereitschaft zwischen den Generationen, falls es richtig ist, daß der Durchschnitt der heute Zwanzigjährigen nicht nur ein anderes Verhältnis zur Leistung hat als der typische Vierzigjährige, sondern dieser Unterschied im Vergleich zu früheren Jahrzehnten auch noch größer geworden sein sollte.
Falls sich der Leser nun irgendwelcher Umfrageergebnisse entsinnt, in denen von einem staunenswerten Leistungsbekenntnis der Jugend von heute die Rede ist, dann möge er sich nicht täuschen lassen. Es ist nicht jenes alte, eher undifferenzierte Ja zur Leistung, also jenes Sich-ins-Joch-spannen-Lassen, wie und wo immer sich's trifft. Man entdeckt bei näherem Hinsehen ein sehr heikles, mit vielen Bedingungen und Selbstverwirklichungsvorbehalten verknüpftes Bekenntnis der Jugend zu dem, was sie Bereitschaft zur eigenen Leistung nennt. Das mag sehr schön, sehr fortgeschritten wirken und sogar individuell vernünftig sein. Was soll uns, nicht wahr, der dumpf-robuste Leistungsbüffel von gestern, auch wenn er für die Gemeinschaft ungleich wertvoller ist (war) als der sensible Wenn-dann-vielleicht-Typ? Die alte Tour ist doch im höchsten Maß reformbedürftig, oder?
Jedoch nicht nur der Ökonom im engeren Sinn, der Rechner also, wird mit der Jung-Auffassung von Leistung seine Schwierigkeiten haben. Jeder psychologisch erfahrene Praktiker, ob Unternehmer, ob lebenskundiger Gewerkschafter, ob langjähriger Betriebsrat, teilt durchaus die Meinung, hier biete sich ein soziales Krankheitsbild, dem man sich intensiv – zwecks Erforschung und Heilung – widmen müsse. Das Selbstverwirklichungssyndrom (unsere Praktiker drücken sich deftiger aus) könne nicht sich selbst überlassen bleiben.
Solcherart ließen sich Beispiele, Ansatzpunkte, Belege noch und noch liefern für die zum Schlechteren gewandelte Auffassung von Wirtschaft. Gemeint ist hier Wirtschaft im Sinne von Zusammenhang,

Summe, gemeinsamer Anstrengung und gemeinsamem Topf, Leistung und Gegenleistung – also der Komplex, den heute jene, die im Trend der Zeit liegen möchten, als rotes Tuch empfinden.
Nur ist es die so verstandene Wirtschaft, die uns den Wohlstand gewährleistet, an den wir uns so rasch gewöhnt haben (auch gewöhnt haben, über ihn wegwerfend zu sprechen); der uns wohl auch zu einem Gutteil die persönliche Freiheit garantiert (wie gern wird das vergessen!). Wohlstand und Freiheit aber fließen ganz gewiß nicht aus einer egoistischen, an sich selbst leidenden, sich fälschlich als idealistisch idealisierenden Einstellung gegenüber dem, was zu tun wäre und was oft nicht getan werden will.
Wie stets, wenn es um die Erklärung einer vielschichtigen Krise und ihrer Faktoren geht, wird man bei der Beurteilung unsicher: Ist nun das, was wir als eine Spielart von seelischem Trauma erkannten, mehr die Folge oder mehr eine der Ursachen des krisenhaften Gesamtszenarios?
Die Frage bleibe unentschieden. Sicher scheint, daß das besagte Trauma kennzeichnend für unsere Lage inmitten der achtziger Jahre ist und daß eine auffallende massenpsychologische Einstellungsänderung immer und überall Wechselwirkungen auslöst. »Der ganze Strudel strebt nach oben«, kommentiert Mephisto die Walpurgisnacht, »du glaubst zu schieben und du wirst geschoben.« Wo freilich ist oben? Und wo unten?

2.4 Der Schwächeanfall der Sozialpartner

Ob große, ob kleine Koalition, schwarze oder rote Alleinregierung, ob Auf- oder Abschwung der Konjunktur, akute oder latente Energiekrise: in Österreich dämpfte die Sozialpartnerschaft rund zwanzig Jahre hindurch alle Härten und rundete alle Ecken einer sich wandelnden, einer schließlich durchaus gewandelten politischen und wirtschaftlichen Landschaft. Treffend wurde und wird diese Einrichtung »sublimierter Klassenkampf« genannt: Arbeitgeber und Arbeitnehmer, daneben auch die Bauern, sitzen in Gestalt ihrer höchsten Repräsentanten oder der von diesen entsandten Fachleute am Verhandlungstisch. Hier wird der Kuchen des Wohlstands verteilt, werden

gegenseitig Opfer gebracht und Kompromisse vereinbart, werden Zeithorizonte abgesteckt.
Wichtig für das Funktionieren im technischen Sinn waren stets die Elemente der selbstverständlichen Bereitschaft, über Verhandlungsreifes zu verhandeln, der Spontaneität ohne umständliche Bürokratie, des nötigenfalls blitzschnellen Direktkontakts zwischen den berühmten Präsidenten. Noch wichtiger ist freilich das gegenseitige Vertrauen; und das meint in diesen Bereichen nicht nur Vertrauen auf persönlichen Anstand, auf Ehrlichkeit und Vertragstreue, sondern auch auf Macht und Kraft der anderen Seite, sich im eigenen Bereich durchsetzen zu können.
Löhne und Preise, Arbeitszeit und Arbeitsruhe nebst Dutzenden anderer hautnaher Wirtschaftsbelange wurden miteinander so erstritten, daß kostspieliges Kräftemessen durch Streik und Aussperrung vermieden werden konnte. Die Menschen waren's zufrieden, die Regierungspolitiker letztlich auch, obgleich ihre verfassungsgesetzliche Macht durch die Sozialpartner im Bereich der Wirtschaftspolitik arg ausgehöhlt war.
Daß auch und gerade das Parlament in seiner exklusiven Zuständigkeit für die Gesetzgebung durch die Sozialpartnerschaft inhaltlich beschnitten wurde, empfanden puristische Rechtsgelehrte als Hauptärgernis. Die betroffenen Abgeordneten weniger; denn die Wirtschaftsexperten unter ihnen waren ja zugleich Sozialpartner, sie brachten das Ausgehandelte in die Gesetzgebungsmaschinerie ein und achteten darauf, daß daran auch nicht ein Beistrich geändert wurde.
Soweit die pragmatische Schilderung pragmatischen Geschehens. Was ist passiert, daß man heute von einer Krise der Sozialpartnerschaft spricht, von ihrer Erneuerungsbedürftigkeit, ja sogar vom Ende dieser Partnerschaft in ihrer bisherigen Form?
Belastende Ereignisse traten im Politischen wie Wirtschaftlichen während der siebziger Jahre gehäuft auf. Die lange sozialistische Alleinregierung untergrub mit ihren ideologischen Bestrebungen die geradezu entgegengesetzte sozialpartnerschaftliche Pragmatik, wobei streng zwischen Erfolg und Anschein zu unterscheiden ist: Der Erfolg blieb auf seiten der Sozialpartner, wie viele Wirtschaftsdaten aus dieser Zeit beweisen. Aber äußere Umstände, Erklärungen und vor allem der stete Verdacht, demnächst werde sich »der Sozialismus« durch-

setzen (er tat es nie), nagten an der partnerschaftlichen Bewußtseinssubstanz.

Erfolgreicher als die Linkskritik an der Sozialpartnerschaft innerhalb der SPÖ war die Linkskritik im mächtigen Gewerkschaftsbund. Sie personifizierte sich schließlich in Alfred Dallinger, dem Vorsitzenden der Privatangestelltengewerkschaft. Verwirrenderweise übernahm dieser Politiker 1980, bereits ÖGB-Vizepräsident, auch das Sozialministerium. Seither stellt der als Persönlichkeit und Politiker sehr eindrucksvolle Mann regelmäßig die Sozialpartnerschaft – nein, nicht in Frage; aber er relativiert sie, versteht sie zumindest mit Worten zurückzudrängen, mit Ankündigungen zu belasten und zu verunsichern.

Bruno Kreisky etwa, sicher nicht gerade als Schutzpatron der Sozialpartner in die Zeitgeschichte eingegangen, beklagte sich in einem Hintergrundgespräch mit mir anfangs 1983 bitter über den schwindenden Einfluß des SP-Hauptsozialpartners Anton Benya. Aber nicht etwa geschwundene Benya-Macht gegenüber der unternehmerischen Wirtschaft bedauerte der Bundeskanzler, sondern gegenüber Alfred Dallinger. Dieser könne schon alles sagen und werde nie zur Ordnung gerufen, meinte Kreisky sorgenvoll; und sorgenvoll nicht nur hinsichtlich der von Dallinger ständig und glaubenssatzartig wiederholten Forderung nach genereller Einführung der 35-Stunden-Arbeitswoche.

Nun gibt es die Denkschule, daß Anton Benya – bei den Sozialpartnern ist's tatsächlich gerechtfertigt, in personifizierter Machtträgerschaft zu reden – seit dem politischen Schwächeanfall Rudolf Sallingers im Jahr 1978 auch nicht mehr der sei, der er bis dahin gewesen war. Der langjährige Präsident der Bundeswirtschaftskammer hatte die sozialpartnerschaftliche Pro-Kernenergie-Linie in seiner Volkspartei nicht durchzusetzen vermocht, wobei die historische Überlegung müßig ist, wie sehr, mit oder ohne Absicht, die damalige Politik Bruno Kreiskys Sallingers wirtschaftspolitisch bestimmenden Einfluß in der Oppositionspartei unterhöhlte.

Letztlich brachte, wie wir schon gesehen haben, Kreisky höchstselbst Zwentendorf um. Aber an Sallinger blieb das Scheitern der Kernenergie in Österreich zu einem guten Teil hängen. Welch Übermensch hätte der so klug taktierende Kammerpräsident sein müssen,

um unter den Umständen des zitierten Jahres 1978 die Volkspartei auf die Pro-Atom-Linie zu vergattern! Diese Erinnerung über wenige Jahre hinweg bleibt gewöhnlich außer Ansatz.
Während in der Opposition gerade der Chef der Bundeskammer mit seinen Getreuen die Hauptlast der Angriffe – eigentlich war und ist es eine stete Verteidigung – gegen wirtschaftsfeindliche sozialistische Regierungsmaßnahmen im Steuer- und sonstigen Umverteilungsbereich zu tragen hatte, versäumte sein Hauptpartner auf der Gegenüberseite, sich dem Schicksal der verstaatlichten Unternehmungen in der gebotenen Eindringlichkeit zu widmen. Die logische Folge der unbegreiflichen Vernachlässigung, ja Ausgrenzung der Staatsindustrie aus den ÖGB-Sorgen war dann das verlegene Beiseitestehen des Gewerkschaftsbundes bei den ersten Not- und Sanierungsmaßnahmen, die nach dem Fast-Kollaps der VOEST Ende 1985 notwendig wurden.
Somit hatten, zumindest in der Diktion der schärfer formulierenden politischen Beobachter, die beiden Hauptsozialpartner in den beiden wesentlichen Problemen der österreichischen Wirtschaft abgedankt: in der Frage der Energie- und der »Verstaatlichten«-Politik. Was Sallingers Zwentendorf, das war, wiederum sehr salopp formuliert, Benyas Hainburg. Dort erwies sich die herausgeforderte Faust der Bauarbeiter als kraftlose Drohgebärde.
Wieder einmal verwirren sich Ursache und Wirkung, und bei einer so pragmatischen Angelegenheit, wie es die Sozialpartnerschaft ihrem Wesen nach nun einmal ist, mag das nicht verwundern. Freilich geht das Nachkriegsgefühl des In-einem-Boot-Sitzens allmählich verloren, versteht die nachwachsende Generation nicht mehr den tief-paradoxen Sinn des Doppelspiels, dieses Mit- und zugleich Gegeneinanders der Träger unterschiedlicher Interessen und Weltanschauungen. Was früher als selbstverständlich galt, nämlich das Verankertsein der sozialpartnerschaftlichen Repräsentanten in Spitzenpositionen der Parteien und sogar des Staates: das wird immer mehr als geradezu unehrenhaftes Verhältnis empfunden.
An dieser Stelle, die von gewandelter Einstellung und psychologischem Bruch mit Hergebrachtem handelt, paßt ein kleiner Exkurs in das immer dramatischer werdende Problem der Doppel- und Mehrfachämter, die ein Politiker besetzt und vielleicht auch ausübt. Die Behauptung ist kaum übertrieben, daß der Multifunktionär zum faß-

und angreifbaren Feindbild schlechthin der kritischen Jugend geworden ist.

Dieses Bild und seine notwendige Korrektur, genauer: die Korrektur dessen, was das Zerrbild erzeugt, wird uns gegen Ende unserer Darstellung noch einmal kurz beschäftigen. Hier soll nur das Dilemma zwischen harschem Urteil und leider wirklich komplizierter Sachlage angetippt werden. Die Abneigung gegen den Multifunktionär ist pauschal und trifft daher mit derselben Härte notwendige wie überflüssige Amtsverflechtungen. Wie hoch immer man Anton Benya seinen Einsatz an der Spitze des Nationalrats anrechnen mag, wie symbolisch-sinnvoll immer die Besetzung dieses dritthöchsten Staatsamts mit dem höchsten Arbeitnehmervertreter des Landes gewesen sein mag: die Doppelpräsidentschaft steht unter keinem guten Stern, sie war und ist von keiner inneren Notwendigkeit getragen und somit unbegründet.

Dasselbe gilt auch für die Abgeordnetenfunktionen, die mehrere Handelskammerpräsidenten im Nationalrat ohnedies nicht wahrnehmen (können). Warum dann doch einen Sitz in der Volksvertretung ein- und anderen wegnehmen? Die Verflechtungsgründe, die dafür maßgebend sind, werden von jüngeren, kritischen Staatsbürgern nicht begriffen oder strikt abgelehnt.

In diesem Fall sollte man sich, glaube ich, der Kritik beugen. Das Kontra ist stärker als das Pro, abgesehen davon, daß eine Unmenge von Zeichen des guten Willens seitens der »Alten« erwartet werden und auch erforderlich sind, um den auseinanderbrechenden Konsens der Generationen wiederherzustellen.

Dieser kleine Vorgriff darf uns nicht davon ablenken, daß noch Multifunktionsbeispiele zu nennen sind von jener Art, die trotz Kritik aufrechterhalten zu werden verdient. Solange Parteien den demokratischen Staat tragen, werden vielen – nicht allen – Funktionen in einer Partei viele – nicht alle – Funktionen entsprechen, die in Regierung und Gesetzgebung, in Bund, Land und Gemeinde zu besetzen sind. Das erfordern die einfachsten Gesetze von Einfluß, Macht, ja geradezu von Legitimation in der parlamentarischen Republik. Ähnliches muß für Doppelfunktionen in Partei einerseits und Interessenverbänden anderseits gelten, auch wenn derartiges von manchen radikal denkenden Jungen noch weniger akzeptiert wird als jene inkarnierte »Dopplung« zwischen Partei und Staat.

Nehmen wir noch einmal den Faden der Sozialpartnerschaft und ihres verminderten Einflusses auf: Die von den Medien in den letzten Jahren transportierte Enttäuschung über das partnerschaftliche Werken und Wirken schlägt sich naturgemäß schon in der erhobenen öffentlichen Meinung nieder. Zwischen 1983 und 1985 ist der Prozentsatz jener Österreicher, welche die Sozialpartnerschaft als »vorteilhaft« einstufen, von 69 auf 58 Prozent zurückgegangen. Von den Unter-Zwanzigjährigen hält bereits eine Mehrheit nichts mehr von der sozialen Partnerschaft – ein beunruhigendes Zeichen, da doch noch zwölf Jahre zuvor nur Kommunisten und weit linksstehende Sozialisten nebst einer Handvoll Überliberaler auf der anderen Seite den Nutzen der österreichischsten aller Einrichtungen in Frage gestellt, die Bevölkerung im übrigen sich aber geschlossen und massiv dafür ausgesprochen hatte.

Wenn derzeit die Jugend gegenüber der Idee der Sozialpartnerschaft erkaltet scheint, trägt ein Schlagwort erhebliche Mitverantwortung: Eine zeitgemäße Partnerschaft habe nicht mehr zwischen Unternehmern und Arbeitnehmern aufgezogen zu werden, sondern zwischen Ökonomie und Ökologie. Das klingt modern, das geht wohlig ein in umweltschützerisch orientierte Gemüter, die das wirtschaftliche Sozialleben einfach nicht mehr auf in Geld oder Arbeitszeit oder Arbeitsplätzen ausdrückbare Größen reduziert sehen wollen.

Irgendeinen praktikablen Vorschlag, wie eine solche Partnerschaft neuen Stils zu machen wäre, hat man bisher noch nicht gehört. Die »Beiziehung anerkannter Umweltschützer« durch sozialpartnerschaftliche Gremien, einfach so, kann nur als Alibieinfall verstanden und wohl nicht ernst genommen werden.

Ein weiterer Slogan, nämlich der von einer endlich anzustrebenden »Versöhnung zwischen Ökonomie und Ökologie«, hat auf die langjährigen Partner im Wirtschafts- und Sozialbereich auch nicht erlösend, ja nicht einmal förderlich gewirkt. Viel aufmunternde, wenn auch nebelhafte Worte wurden in diese neuerfundene Sache investiert, ehe einem ranghohen Politiker, nämlich Bundeskanzler Fred Sinowatz, beim November-Parteitag der SPÖ 1985 der Kragen platzte. Er könne, ließ er Delegierten und Berichterstatter vom Rednerpult her wissen, diesen Versöhnungsspruch oder -anspruch nicht mehr hören, derartiges wiederzukäuen sei einfach widersinnig.

Die Hilflosigkeit solcher Versuche markiert nur um so deutlicher die Dimensionsgrenze zwischen zwei Welten, die man nicht in Do-ut-des-Gesprächen annähern kann. Mit unserem heutigen Denk- und Sozialinstrumentarium ist die gemeinsame höhere Ebene nicht zu erobern. Bis irgendwann in Zukunft diese Ebene auftaucht, wird es Österreich guttun, auch eine kriselnde Sozialpartnerschaft nicht aufs Abstellgleis zu schieben. Nachdenken über Neues, auch über außergewöhnlich Neues, ist erlaubt, sogar geboten. Auch möge man, wie der burgenländische Handelskammerpräsident Robert Graf, einer der Klügsten in den sozialpartnerschaftlichen Spitzenrängen, nicht müde wird zu sagen – auch möge man selbstkritisch genug sein, um die immer noch vorhandene Gesprächsfähigkeit nicht mit der erlahmten Lösungskompetenz zu verwechseln.

Das sokratische »Erkenne dich selbst!« gilt auch hier: Wenn die Sozialpartner ihre geschwächte Position zur Kenntnis nehmen und sich nicht der Selbsttäuschung hingeben, ist der erste Schritt aus der Talsohle heraus schon getan.

3. Der verlorene Respekt vor dem Recht

3.1 Von der Neurose zum Ekel

Wir leben in einer respektlosen Zeit. Das könnte als Kompliment verstanden werden, wäre die Respektlosigkeit eine grundsätzliche und gründliche, wäre sie eine des Denkens vor dem Tun und sähe man sie nicht begleitet von verdächtigem neurotischem Gehabe. Letzteres beweist besser als alles andere das schlechte Gewissen der modisch-schlampigen Haltung, die sich gelegentlich auch in blinder Unlust an jedwedem Wert oder gar in kollektiver Frechheit niederschlägt.

Beispielsweise kommt der so lässig gewordene Respekt vor pränataler menschlicher Existenz, nunmehr sogar schon vor nicht normgerechtem Menschenleben unserem Unterbewußtsein in die falsche Kehle, wenn dieses Bild erlaubt wäre. Die Kompensation scheint eine weit übers Ziel schießende Tierliebe geworden zu sein, mit der sich offenbar das Gewissen wieder einigermaßen ins Gleichgewicht bringen möchte. Die vergessene Würdigung und Achtung des Alters und der Alten geht Hand in Hand mit einer auffallenden Beharrung auf dem altüberkommenen Toten- und Grabkult, ja geradezu einer Renaissance des Friedhofs. Und viele junge Menschen – aber nicht nur solche –, die sich an gesellschaftlichen Tabuverletzungen nicht genugtun können, gehorchen sklavisch irgendwelchen Sektengöttern.

Eine allgemeine, wenn auch nicht grundsätzliche Respekt- und Rücksichtslosigkeit ist nichts Neues in der Geschichte. Sie ist, wie wir lesen, immer wieder in sogenannten Verfallszeiten aufgetreten. Heute hat sie allerdings in dreifacher Hinsicht eine neue Qualität gewonnen: Sie ist rascher über die Gesellschaft hereingebrochen; sie dürfte, überhaupt für eine Friedenszeit, von noch nicht dagewesener Radikalität sein; und sie tritt in einer an historischen Beispielen nicht meßbaren materiellen und informationsdurchpulsten Hochzivilisation auf. Es ist eine Sache, wenn solche Erscheinungen auf der krisenhaften Spätzeit des Imperium Romanum oder aus dem Dreißigjährigen Krieg berichtet werden; und eine andere, wenn sie eine übersatte und überinformierte Gesellschaft heimsuchen.

In einem ganz besonderen Ausmaß hat die heutige Respektlosigkeit das Ordnungselement schlechthin, das Recht, befallen, wobei »befallen« bedachtvoll gewählt ist. Es steht nicht eine im Grunde unversehrte Ordnung den dagegen aufbegehrenden oder den sie nicht achtenden Kräften gegenüber, sondern die Ordnung selbst wird allmählich krank. Nichts verträgt Recht so wenig wie Nichtachtung.

Recht als staatlich-gesellschaftliches Ordnungsprinzip ist auch heute noch bei vermutlich weit über 95 Prozent der Österreicher unbestritten. Ein rechtsphilosophischer Kurzabriß, der die Unentbehrlichkeit einer rechtlichen Ordnung, also die Notwendigkeit der Autorität des Rechts gegenüber Anarchismus zu verteidigen hätte, erübrigt sich.

Die Art des Rechts freilich wird immer im Streit sein und bleiben. Daß aber Recht sein muß, daß Recht die beste aller irdischen Autoritäten ist, daß Recht in einer funktionierenden Demokratie nur als unteilbares Recht Sinn und Bestand haben kann: solches darf man als Ansicht einer massiven Bevölkerungsmehrheit ebenso wie als absolut herrschende Lehrmeinung annehmen.

Auch wenn es dies zunächst festzustellen galt, hilft es uns nicht zu

einer freundlicheren Sicht der Dinge. Die Krise, in die das Recht in seiner besonderen Spielart des österreichischen Rechtsstaats geraten ist, stellt sich nämlich als eine tiefe, vielfältige und folgenschwere dar. Die Krise erwächst nicht aus einer Umwälzung der gesellschaftsphilosophischen Basis, die etwa plötzlich ohne Recht auskommen zu können meint. Sondern sie entsteht aus einer Art Rechtsekel, der seinerseits mehrere Wurzeln hat, im noch tieferen Grunde aber von zwei Quellen gespeist wird: von Autoritätsfeindlichkeit trotz des erwähnten (vielleicht unwilligen) Basiskonsenses über die Notwendigkeit von Recht; und von einer Verdrossenheit, wie sie auch gegenüber Politik, Staat, sogar Demokratie auftritt und sich durch die natürlich-menschliche Unzulänglichkeit der genannten Einrichtungen aufgeschaukelt und bestätigt fühlt.
Wieder einmal könnte an dieser Stelle eingewendet werden, wir nähmen es bei unseren Erwägungen mit der Plazierung von Ursache und Wirkung nicht genau genug. Man muß wahrscheinlich auch hier zugeben: Die krisenerzeugenden Kräfte wirken aufeinander in wechselnden Stromrichtungen ein, sie wirken vor und zurück. Eine allgemeine Disposition zu Verdrossenheit und Respektlosigkeit, sagen wir's einmal derart unscharf, macht geneigt zu bösem Blick auf die und zu ebensolcher Kritik der Unzulänglichkeiten.
Auch im Rechtsbereich, der sich gegen den des Staates und der Politik ja gar nicht genau abgrenzen läßt, ist die Antwort auf die ungute Gesamthaltung in der Gesellschaft vielfach eine verkehrte: hart und unflexibel dort, wo Nachdenken, Diskussion und Reform am Platz wäre; dann wiederum servil-nachgiebig bis zu ängstlichem Räumen von Bastionen, die niemals aufgegeben werden dürften.
Das harte Wort vom verbreiteten Rechtsekel ist vorhin gefallen. Die überkritische, eindeutig krisenhafte Haltung gegenüber dem Recht wurzelt nicht nur in einem Phänomen. Ich zähle deren sechs, ohne zu glauben, daß damit Vollständigkeit erreicht wäre. Ihre Gemeinsamkeit: Keine dieser fürs Recht unheilvollen Erscheinungen und Entwicklungen scheint in Fluß und Einfluß bereits gestoppt oder auch nur abgeschwächt. Im Gegenteil, ihr weiteres Wuchern gibt zu großen Sorgen Anlaß, und die Meisterung unserer kollektiven Midlife-crises wird vornehmlich davon abhängen, ob wir Idee und Praxis des Rechts wieder restituieren, in Einklang miteinander bringen können.

Dies sind die sechs Krisenerscheinungen, die vor allen anderen Recht und Rechtsstaat in Österreich heute in Frage stellen:

1. Geringschätzung des Gesetzes als wertloser, unverständlicher, zu rasch und aus nicht immer guten Gründen hingefetzter Massenartikel.

2. Das tägliche Bewußtwerden von totem Recht, also von Normen, die nicht angewendet werden oder doch beinahe gefahrlos übertreten werden können.

3. Geringschätzung der Rechtsprechung, gespeist aus berechtigter oder unberechtigter medialer Kritik an der Behandlung von tatsächlichen oder behaupteten Skandalen; gespeist aus der Behandlung beschuldigter Politiker, deren Verfahren mitunter völlig anders ablaufen als jene gegen Herrn Maier oder Frau Müller; gespeist aber auch durch die sich häufenden Berichte über korrupte, unkorrekte und unfähige Amtsinhaber in der Justiz selbst.

4. Das wuchernde Unwesen der Privilegien schlägt jenem Rechtsprinzip ins Gesicht, das auch in einfachen Menschen tief verankert ist: dem Gleichheitsgrundsatz. Ein Recht, das Gleiches nicht gleich behandelt, wird allmählich verachtet statt geachtet.

5. Eigeninteressen relativieren das Recht. Anders gesagt: Das Rechtsgefüge wird empfindlich geschwächt, wenn Überzeugungen, denen idealistische Mäntelchen umgehängt werden, in militanter Weise gegen den Rechtsstaat verfochten werden – und die Politik, die das Recht und den Staat zu verteidigen hätte, dabei in die Knie geht. Dem unbeteiligten Durchschnittsösterreicher bleiben die Folgen sehr wohl im Unterbewußtsein sitzen: Man muß sich, bemerkt er, nur heftig, nur fanatisch genug gegen Staat und Recht zur Wehr setzen, um »Recht« zu bekommen, und zwar ein zurechtgebogenes, ein zurückgenommenes Recht. Es muß nur, gelehrt klingend, von erlaubtem Widerstandsrecht gesprochen werden, um aus dem Täter ein Opfer zu zaubern.

6. Das von sozialistischer Seite immer wieder forcierte Schlagwort vom »sozialen Recht« verunsichert das alte Rechtsbewußtsein. Recht soll künftig nicht gleich, sondern ungleich behandeln, um gleicher zu machen. Recht soll künftig in steigendem Maß auch nicht mehr klare Regelung sein, ein »So geschehe es«; sondern die Empfehlung der parlamentarischen Mehrheit im Sinne von »So wär's ideal«.

Die drei erstgenannten Punkte werden täglich diskutiert und fordern in unserer Betrachtung vermutlich gar keine eingehende Erörterung; oder doch erst dann, wenn es nicht um Diagnose, sondern um Überwindung der österreichischen Midlife-crises gehen soll. Der exemplarischen Schwäche des Gesetzgebers, der, mit Verlaub, derart viel Mist produziert, ist eben nur mit Ausmisten, mit stärkender Reform beizukommen. Totes Recht (Punkt 2) ist entweder zu beleben oder zu vernichten. Und die üblen Skandalrückwirkungen auf Recht und Justiz mitsamt menschlichen Unzukömmlichkeiten dortselbst: wie das zu bekämpfen wäre, nicht aber eine wiederholende Gesamtdarstellung der schlimmen Dinge ist gefragt, wenn das angeschlagene Recht und sein fundamentaler Anteil an der Gesamtkrise besprochen werden sollen.
Unsere Punkte vier bis sechs allerdings wollen genauer untersucht sein. In ihnen manifestiert sich Bedrohlicheres als in schludriger, daher zu verbessernder Gesetzgebung oder in den Auswirkungen von Skandalen, die es leider (hoffentlich in geringerem Ausmaß) auch künftig geben wird.

3.2 Die Privilegienwirtschaft

Privilegium ist ursprünglich ein Vor-, ein Sonderrecht und, genau genommen, eine Lex, die sich nur auf einen Privus, einen einzelnen also, bezieht. Im übertragenen und heute gebräuchlichen Sinn sind Privilegien aber alle Sondervorteile, die sich in Besitz und Genuß besonderer Güter oder sozialer Positionen oder Einflußmöglichkeiten niederschlagen. Das Unangenehme an der Ortung von Privilegien, und eine solche sichernde Ortung muß im konkreten Fall immer stattfinden, ist der gleitende Übergang vom Privileg zum Nicht-Privileg. Es existiert keine Grenze zwischen Dunkel und Hell, die allgemein akzeptiert wäre.
Diese Feststellung hat zwar zu tun mit Meinungsverschiedenheiten darüber, ob man es im speziellen Fall mit einem Privileg zu tun habe oder nicht, doch sind diese Differenzen nicht nur auf Abgrenzungsschwierigkeiten zurückzuführen. Es gibt keine annähernde Übereinstimmung in der Gesellschaft über das Wesen und über die Erlaubt-

heit dessen, was gemeinhin als irgend jemandes Privileg behauptet wird.

Neben der zynischen Feststellung, daß in der Regel die Privilegierten ihre Privilegien ungern als solche oder doch zumindest lieber als gerechtfertigte Privilegien ausweisen, müssen ernsthaftere Hürden auf dem Weg zu größerer Klarheit gemeistert werden: Wie weit ist das eine oder andere Privileg leistungsabhängig, ist also eigentlich nur eine verhatschte Leistungshonorierung? Wie weit können Privilegien, die sich im rein privatwirtschaftlichen Bereich manifestieren, strenggenommen überhaupt als solche bezeichnet werden? Wann ist das Privileg ein eindeutiger Mißbrauch öffentlichen Guts, wann nur eine Verletzung des Gleichheitssatzes, wann bloß etwas, das sich ein einzelner herausnimmt und die meisten Leute, oft aus Gewohnheit, als ordnungsgemäß einstufen würden?

Man sieht, wie sehr sich gerade das Privilegienthema zerreden läßt. Die Frage »Was ist noch gerechtfertigt?« stellt sich als Schwester von »Was ist gerecht?« heraus, worüber sich funkelnde Polemiken und mitreißende Pamphlete verfassen lassen. Beide passen nicht in unser Vorhaben.

Und doch wissen wir alle, wir Nichtprivilegierten oder Privilegierten, wie sehr die tausendfachen, als ungerechtfertigt empfundenen Bevorteilungen von einzelnen oder ganzen Gruppen den Unmut in der breiten Öffentlichkeit schüren: Unmut gegen alles nur irgend Denkbare wie Politik, Obrigkeit, Staat und Gesellschaft; vor allem aber Unmut gegen den verratenen Anspruch des Rechts, es sei gut, also gleich für alle und von allen gleichmäßig zu befolgen.

Im Volk – einem als Begriff unmodern gewordenen Etwas – sitzen nicht nur Mißgunst und Neid, sondern auch tiefe positive Überzeugungen. So etwa: Es gibt Sachen und Werte, die man sich durch Geld nicht kaufen können soll. Oder: Es ist empörend, wenn einer, der sich's leisten kann, etwas, das sich die meisten nicht leisten können, auf Allgemeinkosten gratis erhält. Oder: Ein hohes öffentliches Amt, so mühselig es immer sein mag, dürfte seinem Träger nicht erlauben, sich Urlaub oder Freiheit mit öffentlichem Gut und Geld zu versüßen. Oder: Ein Einflußreicher, gar ein Mächtiger soll Einfluß und Macht nicht zur privilegierenden Bevorzugung von Familienangehörigen einsetzen.

Die Aufzählung ließe sich ins Ungemessene fortsetzen. Wir beschränken uns aufs Aufgezählte und nennen konkrete Beispiele.

Warum, wenn schon niedrige oder rundzahlige Kfz-Kennzeichen als besonders erstrebenswert gelten, lassen sich solche Kennzeichen von Privaten durch Beziehungen oder gegen Geld erwerben? Warum nützt es dagegen nichts, daß in ziemlich regelmäßigen Zeitabständen dieser im wahrsten Sinne offensichtliche Mißstand öffentlich angeprangert wird? Warum verstolpern sich die Anläufe immer wieder, eine kauffeindliche und doch der menschlichen Eitelkeit in gewissem Ausmaß Rechnung tragende Regelung wie in der Bundesrepublik einzuführen, die noch dazu dem eigentlichen Sinn derartiger Kennzeichen (Erkenn- und Merkbarkeit) entgegenkäme?

Warum genießen Spitzenfunktionäre der Republik oder die von ihnen mit Karten Beschenkten die Premieren der hochdefizitären Staatstheater gratis? Warum wird derartiges hinter den dümmsten Vorwänden verschleiert und beschönigt?

Warum benützen, vom Minister auf- und abwärts, Staatsfunktionäre Auto und Benzin auf Staatskosten und daher auf Kosten des Steuerzahlers, wenn sie, Arbeit und Erholung kunst- und streßvoll vermengend, überland fahren? Für dasselbe deliktartige Privileg noch weitere Stichworte: Erholungsheim; Jagd; Strom; Heizmaterial; alles gratis oder verbilligt, als Naturaldeputat, jedenfalls als »Firmen«beitrag zur Versüßung und Verbilligung des Lebens. Bezahlt wird alles aus dem Budget, das der Steuerzahler speist. Auch deputierte Naturalien sind Budgetgeld, nämlich entgangene Einnahmen.

Warum bringen Väter oder Mütter in hohen öffentlichen Positionen ihre Kinder, Schwiegerkinder, Neffen, Nichten und Enkel nachweislich überwiegend in gutbezahlten oder karrieregünstigen Stellen im öffentlichen oder gemeinwirtschaftlichen Bereich unter, warum braucht dieser Nachwuchs bei Ausbildungsengpässen nicht zu warten – da doch sonst immer drei von vier jungen Menschen, die in den Beruf eintreten, ihr Glück in der Privatwirtschaft versuchen müssen und jedermann ohne Protektion bei den erwähnten Engpässen unbarmherzig zurückgestaut wird?

Warum darf ein öffentlicher Potentat in Österreich ungerügt sagen: »Herr X. kann nicht deshalb in dem Unternehmen, das ich führe, benachteiligt sein, weil er mein Schwiegersohn ist?« Warum erwidert

ihm keiner: »Warum müssen, da der Schwiegersohn den Posten erhält, alle jene, die gleich gut und nicht Schwiegersöhne sind, hinter dem Schwiegersohn zurückstehen?«
Warum sind all diese unsauberen Fälle und Vorfälle, abermals nachweislich, in Österreich, zumindest in Wien und im Osten des Bundesgebietes, dichter gesät und seltener beanstandet als in vergleichbaren anderen Ländern? »Seltener beanstandet« heißt freilich nicht »unbekannt geblieben«, heißt sogar »allgemein bekannt«, wie ich zu meinem Erstaunen immer wieder bemerke.
Bestimmte Informationen frißt der Österreicher begierig in sich hinein. Es scheint ein Hang, beinahe eine Nationaleigenschaft zu sein, sich über dergleichen zwar aufzuregen, aber die häßliche Information außerdem bei passender Gelegenheit bei und mit sich selber aufzurechnen: Man muß gegebenenfalls dann selbst kein so schlechtes Gewissen haben.
Damit sind wir, was unsere Haltung zu Privilegien angeht, bei einem weiteren Austriacum. Der gut ausgeprägte Neid führt sehr wohl zu Rechtsverachtung, sonst aber erstaunlicherweise weniger dazu, daß die als ungerechtfertigt erkannten Privilegien bekämpft, sondern daß vielmehr als Ausgleich eigene Privilegien angestrebt werden.
Ein harmloser Verwandter und Ableger dieser Abwegigkeit ist die hierzulande grassierende Titelsucht: Anstatt diese nationale Lächerlichkeit einmal zu roden, zumindest endlich streng zu durchforsten, schlägt man den entgegengesetzten Weg ein und erfindet neuen Namensschmuck für bisher leer Ausgegangene.
Und was tut die Politik dagegen? Nicht nur nichts, sondern sie schwenkt in der charakterlosesten Weise auf das als willkommen Erkannte ein. Allein das österreichische Steuersystem mit seinen zahllosen Gruppen- und Einzelprivilegien ist eine sagenhafte, durch nationale Zustimmung nur unzulänglich gemilderte Schande.
Der Tor, der sich keiner irgendwie bevorrechteten Gruppe zugesellt, keinen Steuervorteil und keinen Pauschalfreibetrag geltend macht, sich's nicht mit günstig besteuerten Überstunden richtet, nicht ein anderes von drei Dutzend angebotenen dreiviertellegalen Schlupflöchern benutzt oder nicht, falls er dazu Gelegenheit hat, zumindest ein Buch schreibt oder sonst eine verlustreiche, aber steuermindernde Tätigkeit ausübt – dieser Tor würde sich im österreichischen Einkom-

mensteuersystem grün und blau zahlen. Dem Vernehmen nach gibt es ihn aber nicht.

Also leben wir unter lauter Privilegierten. Zumindest existieren lauter Österreicher, die sich auch als privilegiert erachten dürfen, weil man ja nicht gern und ausdrücklich der Dumme ist.

Alles in allem gibt die Politik somit keine klaren und einfachen Regeln vor, sondern sinnt ständig darüber nach, wem sie noch mit einiger Berechtigung ein Ausnahmegeschenk zusprechen könnte. Das gilt etwa auch im Subventionswesen, wo sie von den Tüchtigen, die Gewinn machen, zusätzlich Milliarden abschöpft, um mit diesen gewaltigen Summen Privilegien zu statuieren.

So wird Recht zu einer fragwürdigen Angelegenheit behaupteter Würdigkeiten und Berechtigungen. So wird der Rechtsgedanke von oben niedergedrückt, die Gleichheitsgarantie des Rechts ausgehöhlt statt gewährleistet und der rechtspsychologischen Verösterreicherung unbedenklich Vorschub geleistet.

Daher verschwimmen uns auch die Unterschiede zwischen tolerablen Vorrechten und den ganz großen Unverschämtheiten, die man sich da und dort auf Regimentsunkosten leistet. Wer sich Privilegien zu beschaffen versteht, wird beneidet – aber im Sinn der Bewunderung, des nachahmenswerten Vorbilds. Und der Widerstand jener, die im Namen des Rechts und der Bevölkerung Widerstand leisten müßten, findet keinen Rückhalt. Also findet er gar nicht statt.

Der Chef des öffentlichen Unternehmens, ob es jetzt VOEST, ORF, Bundesbahn oder sonst wie heißt, geht lieber leise und verschwiegen in die Knie, verschafft seiner Belegschaft (aus öffentlichen Mitteln oder Zwangsbeiträgen, versteht sich) eine Sonderstellung und baut ein neues Privilegiensystem auf, statt öffentlich und laut nein zu sagen.

Besonders Raffinierte stellen dann ihre gegen sie selbst siegreich gebliebene Belegschaft auch noch als nationale Elite hin, um dem Big Deal und der eigenen Niederlage einen sinnvollen Namen zu geben.

Der wirklich Private aber, dem in seinem Beruf, weil unverfälscht nichtöffentlich, nichts pauschal geschenkt wird, weil man sich dort alles durch Leistung erwerben muß, denkt sich mehr als nur sein Teil. Er baut bei sich eine verkorkste Vorstellung von Gerechtigkeit und Recht auf, da ihm von der Obrigkeit, vom Gesetzgeber, von den

Mächtigen tagaus, tagein nachgewiesen wird, daß an eine durchgehende innere Moral des Rechts vielleicht eine verschrobene Gelehrtenseele glauben mag, nicht aber ein mit beiden Beinen im Leben stehender Praktiker.
Inzwischen blüht der Privilegienstaat Österreich immer prächtiger auf, in einer schillernden Sumpfblüte und unter der Ägide von Politikern, die mit oder ohne Skrupel Privilegien kreieren und sich ihrer dann, wenn es um Wählerstimmen geht, auch noch berühmen.

3.3 Der elitäre Ungehorsam

Von schäbigen, meist geldwerten Vorteilen, die man sich unter Zurechtbiegung des Rechts zu verschaffen oder zuzuschanzen versteht, nun zu einem aus, wie es heißt, idealistischen Gründen geführten Dolchstoß gegen das Recht. Noch einmal begeben wir uns in die Hainburger Au. Nur betrachten wir diesmal nicht die hehren Gründe und die höchst ökonomischen Folgen der Aubesetzung, sondern die Haltung des Staates als Rechtsgaranten.
Soviel ist ja unbestritten: Staat und Rechtsgemeinschaft sind praktisch deckungsgleich. Falls wir alle zusammen, und zusammen mit dem uns selbst gegebenen Recht, der Staat sind, müssen wir alle zusammen uns selbst als Rechtsgemeinschaft, als Staat also, garantieren. So müssen wir uns mitunter auch gegen uns selbst verteidigen, soll das Gemeinwesen nicht verwildern.
Um klar zu sagen, was hier gemeint ist, soll ein »Denkmodell Hainburg« errichtet werden, zusammengesetzt aus drei Hypothesen. Angenommen erstens, die zu verbauende Aufläche sei als Biotop wirklich unersetzbar gewesen; angenommen zweitens, der Rechtsablauf, der zur rechtsgültigen Erlaubnis des Kraftwerkbaus geführt hat, wäre wirklich fehlerhaft gewesen und hätte der folgenden Überprüfung durch Höchstgerichte nicht standgehalten; angenommen drittens, eine Mehrheit der österreichischen Bevölkerung wäre im Dezember 1984 wirklich auf seiten der Aubesetzer gewesen: Selbst unter dieser dreifachen Annahme sachlicher, rechtlicher und demokratischer »Legitimierung« des Widerstands wäre die physische Verhinderung des rechtmäßigen Baubeginns unrechtmäßig gewesen.

Dennoch war nicht der Versuch selbst, Recht aus vermeintlich guten Gründen und Interessen zu stoppen, verwerflich. Der Versuch hätte Demonstrationscharakter haben können, wäre in der politischen Sphäre angesiedelt gewesen, man hätte ihn als Warnung für zukünftige politische Entscheidungen zu verstehen gehabt. Ähnliche Demonstrationen finden in Rechtsstaaten immer wieder statt, sind Ausdruck der Freiheit der Meinungsäußerung und haben, je nach Beteiligung, ihre mehr oder minder beachtliche Wirkung.
Nein, verwerflich war auch nicht die Entschlossenheit der Hainburger Demonstranten zur Baublockade. Denn sie redeten sich ein, erstens das bessere, das höhere »Recht« auf ihrer Seite zu haben und zweitens ein erlaubtes Widerstandsrecht mittels »gewaltlosem Widerstand« auszuüben. Daß dies alles nicht stichhaltig war – das zu prüfen, zu entscheiden, zu erklären und zu exekutieren wäre Sache der Staatsautorität gewesen, die ordnungsgemäß zustande gekommenes Recht zu verteidigen hat.
Der Staat hat geprüft, entschieden, erklärt und zu exekutieren versucht. Weil es nicht gleich und leicht ging, ließ der rechtmäßig den Befehl führende Innenminister das Recht sausen. Um der Wahrheit willen sei ergänzt: Fast ganz Österreich spendete ihm erleichtert Beifall, denn, also nein, Polizeieinsatz tut uns allen in der Seele weh.
So weit, so schlecht. Es wäre in der Rückschau sogar alles auszubessern gewesen, hätte es der Staat, der das Recht zu exekutieren versucht hat, verstanden, bald darauf das in den Vorweihnachtstagen 1984 geknickte Recht wieder aufzurichten. Plötzlich glaubte die Regierung aber – und hielt sich darauf auch noch etwas zugute –, aus politischer Räson endgültig nachgeben zu sollen. Ohne die oft diskutierten Gründe hiefür noch einmal aufwärmen zu wollen, bleibt uns nur die trockene Feststellung des Ergebnisses: Das Recht blieb auf der Strecke.
Ist das nicht öfter der Fall? Warum so viel Aufhebens? Siegte im Fall Hainburg nicht die Vernunft über das rein formelle Recht?
Drei Fragen. Antwort eins: Nein, in dieser spektakulären Art ist in der Zweiten Republik Recht noch nie auf der Strecke geblieben, sieht man vom merkwürdigerweise außerhalb Kärntens rasch vergessenen Ortstafelkonflikt 1972 ab, der aber immerhin via Volkszählung 1976 nicht unsaniert blieb. In Hainburg aber wurde einem Rechtsinhaber

ohne jede spätere Korrektur unter hilflosem Beiseitestehen der gesamten politischen Staatsgewalt verweigert und verwehrt, in sein Recht einzutreten.
Antwort zwei: Soviel Aufhebens deshalb, weil bei der Rechtsbeugung so viel Aufhebens entstanden ist. Das darf ruhig als pragmatischer Standpunkt nach der Regel der Verhältnismäßigkeit verstanden werden. Der Riesenlärm, der um den Fall entstanden ist, kann nicht durch ein einmaliges leises »Und sie bewegt sich doch!« korrigiert werden. Man wird daher, im Gegensatz zu den vorsichtig schweigenden oder sogar rechtliche Schlupflöcher suchenden und dehnenden Rechtsgelehrten und -autoritäten, in aller Zukunft nicht davor zurückscheuen dürfen, die Angelegenheit laut und deutlich bei ihrem Namen zu nennen.
Antwort drei: Das »rein formale Recht« ist, dem Wesen und Sinn des Rechtsstaates entsprechend, im Gegensatz zur sogenannten politischen Vernunft ab einem bestimmten Punkt indiskutabel. Die Vernunft hat, bei Strafe der Auflösung des Rechtsstaates, zuerst sich selbst zu finden, ehe sie Recht setzt; und nicht umgekehrt.
Der vom Staat abgesegnete, ja honorierte Rechtsunfall von Hainburg hat schwerwiegende Folgen. Zurück zur Antwort zwei auf die Frage des großen Aufhebens: Der entstandene Lärm in allen Informationsmedien hat die Auseinandersetzung und ihr ungewöhnliches Ende über den Kreis der Meinungsbildner, Beteiligten und Juristen hinausgetragen. Dagegen soll man nicht räsonieren, soll man sich nicht wünschen, es wäre etwas Wichtiges, wenn auch Beschämendes nicht an die große Glocke gehängt worden.
Tatsache war, daß die breite Öffentlichkeit, also der oftzitierte kleine Mann auf der Straße, begreifen mußte, daß hier der Staat in Gestalt von Polizei und Gendarmerie vor einer entschlossenen Gruppierung zurückwich. Derartiges mußte einfach in Millionen Köpfen das Bewußtsein von Autoritätsschwäche erzeugen.
Was die erwähnten Millionen Köpfe, weil ungeschult oder mit anderem gefüllt, nicht so klar erkennen konnten: wer nun eigentlich wirklich recht gehabt hatte. Zurück zur Antwort eins: Das Recht mag zwar vermeintlich und tatsächlich zuweilen auf der Strecke bleiben. Aber für den, der sich im Einzelfall wirklich dafür interessiert, wird sich meist eine endgültig-gültige Auskunft über Recht und Unrecht

von einer dazu autorisierten Stelle beschaffen lassen. Im Rechtsstaat ist das in der Regel ein Höchstgericht.
Der Verwaltungs- oder der Verfassungsgerichtshof konnte aber vom Rechtsinhaber, den Donaukraftwerken AG, nicht angerufen werden. Was hätten sie, die im Besitz von rechtsgültigen Bescheiden waren, denn anfechten sollen? Richtig: die unterbliebene faktische Amtshandlung wäre zu monieren gewesen. Dies aber wurde, ausdrücklich oder schlüssig, den Kraftwerken von ihren Vorgesetzten verboten. Es waren dieselben, die sie vorhin im Stich gelassen hatten.
Die Aubesetzer hingegen versuchten ihr Unrecht, das durch den zagen Staat sozusagen de facto in eine Art »Recht« umgewandelt worden war, sich nachträglich durch mehrere Beschwerden bei den Gerichtshöfen des öffentlichen Rechts bescheinigen (beschönigen?) zu lassen. Immerhin darf gesagt werden, daß die Höchstgerichte den Au-Besetzern diesen Gefallen nicht taten. Übrigens hätte kein Erkenntnis und kein Urteil welcher Art immer nachträglich die Rechtslage vom Dezember 1984 verändern können.
Hainburg bleibt eine tiefe Wunde im Rechtsstaat, in die konsequenterweise von einzelnen Hainburg-Siegern immer wieder Salz gestreut wird: weniger durch Schwelgen in romantischen Au-Erinnerungen als durch die Drohung, beim nächsten ähnlichen Anlaß abermals mit Besetzung und Baublockade zu reagieren.
Das Recht, mit dem in Zukunft der Staat sich durchsetzen wird und muß, kann nicht mehr dasselbe sein wie vor Hainburg. Denn die Gegner können sich nun auf das Präjudiz von 1984 stützen und guten Glauben vorgeben, daß die Exekutive abermals nur Drohhaltung einnehmen, nicht aber dem Recht zum Durchbruch verhelfen wird.

3.4 Sozial, aber unpassend

Der Rechtssatz aller Rechtssätze ist im demokratischen wie im liberalen Rechtsstaat der Gleichheitssatz. Er gebietet, in der Rechtsdurchführung Gleiches gleich zu behandeln. Denn: »Alle Bundesbürger sind vor dem Gesetz gleich« (Artikel 7 des Bundes-Verfassungsgesetzes).
Es ist schlimm genug, wenn in Verwaltung und Gerichtsbarkeit da

und dort der Gleichheitssatz verletzt wird, ohne daß eine solche Verletzung in letzter Instanz geheilt wird. Das kann aus Resignation geschehen, in minder wichtigen Fällen auch deshalb, weil der Weg zum Höchstgericht nicht offensteht. Auch der Verfassungsgesetzgeber selbst kann eine Ausnahme vom Gleichheitssatz statuieren, wie etwa durch die Immunitätsregeln für Abgeordnete; und selbst das tut nicht gut, wie wir wissen, tut weder dem Ansehen der Politiker gut noch dem Ansehen des Rechts.

Noch schlimmer ist es, wenn die Gleichheit vor dem Gesetz in gewissen Fällen von Verwaltungsorganen regelmäßig und in empörender Weise nicht eingehalten wird. Die Praxis vieler ländlicher Gendarmerieposten, gegen auto- oder zweiradsteuernde Alkoholverdächtige nur vorzugehen, wenn die Wagennummer einen »Fremden« signalisiert, ist ebenso unausrottbar wie haarsträubend. Gegen betrunkene amtsbekannte Ortsbewohner am Steuer wird (notgedrungen) nur amtsgehandelt, wenn's gekracht hat. Die Beschwerden über derart skandalös-ungleiches Vorgehen haben wiederholt dazu geführt, daß die Obrigkeit ortsfremde Exekutivbeamte einsetzte. Die Wirkung blieb gering, der Mißstand aufrecht.

Am allerschlimmsten aber dürfte es doch sein, wenn maßgebliche Politiker dem Gleichheitssatz programmatisch den Krieg erklären.

Am 3. Dezember 1981 hat der damalige engste Vertraute Bruno Kreiskys und heutige Innenminister Karl Blecha im Nationalrat nichts weniger als die Überwindung des »bürgerlichen Rechts« und seine Ersetzung durch das »soziale Recht« verlangt. Dergleichen hört sich nicht schlecht an, denn »sozial« hat allüberall den Beigeschmack des Gerechten und Guten.

Blecha proklamierte also die sozialistische Forderung nach dem Ende der liberalen Rechtspolitik. Und er erläuterte es an einem Hauptbeispiel: Es gelte nun, das soziale Recht zu verwirklichen und statt der Gleichheit vor dem Gesetz die »Gleichheit durch das Gesetz« zu erzwingen. Nun freilich: Es ist nicht zu bestreiten, daß, in der sozialistischen Diktion, »formal gleiches Recht bedeutet, daß Privilegierte weiter privilegiert werden«; das heißt, bloßes Recht stellt in unserem Rechtsstaat kein Umverteilungsinstrument dar. Das eben ist es, was nach unserem Verständis Recht von Politik unterscheidet.

Nun kommt ja die Erkenntnis, daß unsere Rechtsordnung »Privilegierte weiter privilegiert«, stracks aus dem Gedankengut und Vokabular des Marxismus. Dieser versteht unter Gleichheit, die bürgerliche Revolutionsphilosophie pervertierend, bekanntlich eine revolutionäre Forderung nach materiellem und ideellem Gleichmachen des Menschen. In sprachlicher Verkehrung, aber ideologisch folgerichtig wird unter Privilegium alles verstanden, was sich in Ungleichheit manifestiert. Und am Rande spielen gelernte Marxisten, wie wir wissen, gerne auch mit Worten und Begriffshülsen, in die sie ganz andere Inhalte gießen als die landläufigen. Einem Nichtjuristen könnte sogar einzureden sein, daß der Gleichheitssatz im Sinne einer höheren Gerechtigkeit ja ohnedies als ein Rechtsprinzip zu verstehen sei, das ausgleichend und umverteilend zu wirken habe.

Die hochtrabende Phrase von der »Majestät des Rechts« habe ich immer als sprachliche Geschmacksverirrung empfunden. Es genügt in einer parlamentarischen Republik, das Recht als in demokratischer Weise entstandene, veränderbare, aber im Moment seiner Anwendung indiskutable Autorität zu verstehen. Die Rechtsordnung aber erklärtermaßen in den Dienst linker Veränderungsideen zu stellen, das vorhandene oder zu erlassende Recht zum Helfer und Knecht einer Minderheitsideologie zu machen – diese Versuche schienen mir von Anfang an gefährliche Entgleisungen zu sein, durchaus geeignet, den Rechtsgehorsam aufzuweichen.

Freilich erlitt »Gehorsam« in den letzten Jahrzehnten auf der allgemeinen Werteskala einen Sturz ins Bodenlose. Das verhängnisvolle »Führer befiehl, wir folgen dir!« wirkt in abschreckender Weise nach, die Emanzipationsbewegungen aller Art taten das ihre, und wir wissen, wie es den vielen aufgeblasenen Autoritäten in den letzten zwanzig Jahren ergangen ist. Gehorsam, einst Markenzeichen von Adel und Eliten, wird heute als Sklavensache empfunden, als Los eines extrem schwachen, abhängigen Individuums.

So wird das Kind mit dem Bade ausgeschüttet und eine demokratische Rechtsordnung, die mit dem ihr entgegengebrachten Gehorsam steht oder fällt (und ihr stünde oder fiele manches hintennach), ganz bewußt in Zweifel gezogen. Die Bürgersöhne und -töchter in der Hainburger Au ahnten nicht, in welcher Reinkultur sie Handlanger linker, marxistischer Ideologie waren.

Weder in jenen aufgeregten Dezembertagen noch in den Wochen danach, die im Zeichen der Beschwichtigung standen, koste es, was es wolle, kam jemandem die Idee, die Doppelnatur des Politikers Karl Blecha einer näheren Betrachtung zu unterziehen: Nur drei Jahre lagen zwischen seiner visionären Absage an die »Gleichheit vor dem Gesetz« und seiner praktischen Entscheidung, als Innenminister und Herr der Exekutive dieser Gleichheit bei ihrer ernstesten Bewährungsprobe keinen Respekt zu verschaffen.

Die bis zum Haß gesteigerte Abneigung linker sozialistischer Rechtstheoretiker gilt auch im Österreich der Zweiten Republik, auch in den siebziger und achtziger Jahren dem, was sie »blinde Gesetzestreue« nennen. Welcher unbefangene Leser dieses Ausdrucks würde sich nicht gleich an blinden Gehorsam, an die Ausschaltung selbständigen Denkens, an Faschismus, an Willkür erinnert fühlen? Und dabei ganz übersehen, daß Gesetz und Willkür immer noch genaue Gegensätze sind?

Der Sozialist Manfred Matzka beispielsweise hat noch 1980 ausdrücklich die programmatische Forderung der eigenen Partei, der SPÖ, aus den sechziger Jahren nach »Klarheit und Vereinfachung der bestehenden Rechtsordnung« als »blinde Gesetzestreue« verworfen. Der Sozialist Christian Broda hat, gleichfalls 1980, proklamiert: »Nun stellen wir uns die Aufgabe, mehr Gleichheit durch das Gesetz zu schaffen.«

Eine bemerkenswerte linkssozialistische Gepflogenheit ist es, sich harmlos zu geben, falls man zur Rede gestellt und zu näherer Erläuterung aufgefordert wird. Christian Broda hat mir in der ersten Hälfte der siebziger Jahre wiederholt versichert, sozialistische Rechtsreform wolle nur gesellschaftliche Entwicklungen nachvollziehen. 1978 verfaßte er den rechtspolitischen Kernsatz des neuen Grundsatzprogramms der SPÖ, und da las man praktisch das Gegenteil: Im Prozeß »der ständigen Anpassung an die sich ändernden gesellschaftlichen Verhältnisse ... übt die Rechtsreform ihren Einfluß auf die Weiterentwicklung der Gesellschaft« aus.

Der heutige Justizsprecher der SPÖ, Sepp Rieder, hat wiederholt vom sozialistischen Grundsatz des »sozialen«, des »gleichmachenden Rechts« mit dem harmlosen Hinweis abgelenkt, es sei doch anerkannte Aufgabe des Rechts, sozialen Schutz auszuüben. Dafür zeugten Unterhaltsvorschuß und Mindestunterhalt, Konsumentenschutz und Mietrecht, Nachtarbeitsverbot und Ladenschlußgesetz. »Die Weiterentwicklung des Rechts läßt sich nicht abdrehen wie ein Wasserhahn«, meinte Rieder richtigerweise.

Der Unterschied liegt allerdings darin, ob gesetztes Recht allgemein bejahte Schutzaufgaben in der Gesellschaft wahrnimmt oder, mehr oder minder unauffällig, zum Kampfinstrument einer militanten Minderheit in dieser Gesellschaft wird.

Der Unterschied wird ferner dort zu sehen sein, wo der Staat als Ordnungsmacht auf sein Regelinstrument Recht pochen muß: Wer Ordnung (nicht Law and order) will, muß auf Rechtsgehorsam bestehen und darf Rechtsveränderung nur unter Einhaltung der demokratischen Rechtserzeugungsregeln zulassen; wer hingegen Sozialismus will, wird die Rechtsordnung nur bedingt anerkennen wollen, wird der Relativierung des Rechtsgehorsams das Wort reden, wird danach trachten, das Recht voll in den Dienst seiner politischen Bestrebungen zu stellen und wird dabei Unordnung mit Vergnügen in Kauf nehmen.

Mit diesen Bestrebungen hängt auch die Flut von »sozialen Grundrechten« zusammen, die das österreichische Verfassungsrecht teils schon überschwemmt hat, teils weiter zu überschwemmen droht. Inhaltlich handelt es sich dabei meist um allgemein anerkannte politische Ziele, vom Recht auf eine gesunde Umwelt bis hin zum Recht auf Arbeit. In eine Norm gegossen entpuppen sich solche »Grundrechte« freilich als sanktionslose Empfehlungen, bestenfalls als verbale Druckausübung des Gesetzgebers auf die Sozialwelt.

Das wäre an sich ausgezeichnet. Schlecht daran ist aber die aufweichende Wirkung, die vom Überhandnehmen eines Rechtstyps zweiter Ordnung ausgeht, einer Art Recht, das quasi nach Möglichkeit, nicht aber unbedingt und verpflichtend zu beachten ist. Anstatt dergleichen, wie in anderen Rechtsordnungen üblich, als Präambel oder gesonderten Zielkatalog in ein Grundgesetz zugleich aufzunehmen und dennoch vom »Recht im eigentlichen Sinn« abzusondern, läßt man die sozialen Grundrechte im heutigen Österreich konturlos ins hergebrachte Verfassungsrecht einsickern.

Der Verfassungsgerichtshof soll dann das Unmögliche möglich machen, nämlich dazusehen, wie er erklärt, warum der eine Verfassungsgrundsatz justitiabel ist, ein anderer hingegen nicht.

Die Österreicher haben das Recht zu lange den Juristen und Politikern überlassen. Wir haben im Verlauf von zwei oder zweieinhalb Jahrzehnten das natürliche Gefühl, was formelles Recht ist, wozu es dient, was es zu seiner Pflege und Aufrechterhaltung benötigt, verloren. In unserer Gedankenwelt hat sich das Recht politisiert. Vor Politik aber kann man, nicht wahr, keinen Respekt mehr haben. Wie sollte man ihn daher dem Recht entgegenbringen?
Wie vor allem kann man ein gutes, ein natürliches Verhältnis zur Rechtsordnung haben, wenn man ein schlechtes, unnatürliches Verhältnis zu Staat und Demokratie hat?

4. Außer Kontrolle

4.1 Am Abgrund der politischen Kultur

Vor die Aufgabe gestellt, in der österreichischen Politik des ersten Halbjahrs 1986 die wichtigste Erscheinung/Entwicklung zu benennen, wird kein Beobachter in Verlegenheit geraten. Unsere ohnedies schon sehr fragwürdige politsche Kultur ist im erwähnten Zeitraum in einem Maße verwildert und verludert, daß ernstlich und zweifelnd die Frage gestellt wurde, wie man denn aus diesem Sumpf der Beschimpfungen, Unterstellungen, Hemmungslosigkeiten jemals wieder herausfinden könne.
In all den Jahren der Zweiten Republik ist es in der Arena der österreichischen Politik nicht fein zugegangen. Wer es nicht selbst erlebt hat, lese über den Nationalratswahlkampf 1949 nach, als es darum ging, wie Hunderttausende ehemalige Nationalsozialisten von den beiden Großparteien vereinnahmt werden könnten. Ebenso hart wurde in den fünfziger Jahren für und wider die Idee der verstaatlichten Industrie, in den sechziger Jahren rund um die Einreise Otto Habsburgs, in den Siebzigern um und gegen die Fristenlösung gekämpft.
Auch gewisse Bundespräsidenten-Wahlschlachten waren propagandistisch von erlesener Grausamkeit, so die Stichwahl zwischen Theodor

Körner und Heinrich Gleißner im Mai 1951, aber auch das Rennen Franz Jonas – Alfons Gorbach, das im Frühjahr 1965 stattfand. Da herrschten Diffamie und Infamie, vor allem Mundfunk und Flüsterpropaganda, die in Österreich, seit ich mich entsinnen kann, immer schon hervorragend ausgebildet waren und begierige Abnehmer fanden: Was man, weil's nur noch eine ehrabschneiderische Gemeinheit ist, auch auf das geduldigste Papier nicht mehr drucken kann, wird mündlich in Umlauf gesetzt und stößt bei den Leuten auf ein Mittelding von nachdenklichem Unglauben und dem Gefühl von »Zuzutrauen wär's ihm«.

Eine Frage stellt man sich in diesem Zusammenhang immer wieder und stellt sie auch anderen, die, etwa als Auslandskorrespondenten in Wien, darüber mehr wissen müßten: Ist es in Österreichs politischer Auseinandersetzung wirklich schlimmer als in jener der Bundesrepublik, Italiens, Frankreichs, Englands, Skandinaviens, Hollands?

Ja, es ist schlimmer, denn die Methoden sind ärgere, lautet durch die Bank die Antwort. Es geht vielleicht nicht jeden Tag härter und gröber zu als in anderen Staaten, aber regelmäßig gemeiner und schmutziger.

Und mit einer zweiten privaten Umfrage versuchte ich mich selbst zu überprüfen, ob andere, ob ältere Kollegen und erfahrenere Politiker nicht etwa hinter vorgehaltener Hand meinten, es sei doch – siehe die vorhin erwähnten historischen Beispiele –, wenn viel auf dem Spiel stand, stets so gehässig zugegangen wie seit Februar/März 1986. Doch leider nein; nur eine verschwindende Minderheit der Befragten verfocht mit politischem Lebemann-Lächeln die These, seit Menschengedenken sei die österreichische Welt eben so gewesen. Die allermeisten hingegen stimmten in der Ansicht überein vom negativen Rekord an niedrigstem Niveau. Sie sprachen auch von den bisher schwersten Hypotheken, die nunmehr einer später notwendigen Zusammenarbeit auferlegt worden seien.

Warum nur, warum? Warum zu all den von irgendwelchen Sachfragen aus begründbaren, daher zumindest entfernt rationalen Teilkrisen jetzt auch noch dieses irrationale Wüten? Ein Wüten, das sich zwar als Krisensymptom verstehen läßt, aber seinerseits die Krise der österreichischen Mittachtzigerjahre zusätzlich und vielleicht sogar entscheidend vertieft?

Das speziell Österreichische an der hemmungslos gewordenen Wortpolitik versuchte ein namhafter Wiener Psychoanalytiker auf dem Höhepunkt der Waldheim-Kampagne mit dem Hinweis einzufangen, in unserem Land werde gewohnheitsmäßig nichts ausdiskutiert. Es existiere eine nachweisliche Scheu vor der Kenntnisnahme von Gräben, die man am liebsten nicht beachte und am zweitliebsten rasch zuschütte. »Reden wir nicht darüber« sei eine typisch österreichische Versöhnungsphrase, die nichts bewältige und jeden Zwist jederzeit wieder zwecks neuerlichem Ausbruch in Reserve halte.

Zunächst meinte ich, dieser Befund ziele nur auf die vieldiskutierte Nichtbewältigung der NS-Vergangenheit, trage aber wenig zur Erklärung der immer ärger gewordenen politischen Beschimpfungen und der hinter ihnen zu ahnenden Bewußtseinsverhältnisse bei. Dann aber sagte mir, nach und nach, meine Erinnerung, wie oft im als nichtzitierbar deklarierten Gespräch mit Politikern eruptive Haßausbrüche des Gesprächspartners stattgefunden und mich erschreckt hatten; Anlaß der Ausbrüche: irgendein längst vergangenes Ereignis, eine fast schon historische Aussage, etwas also, das offenbar weder verdaut noch vergessen worden war.

Warum aber jetzt so arg? Warum überhaupt in Österreich so arg?

Wer eine unbefriedigende Antwort überhaupt keiner vorzieht, sei auf den längsten Präsidentschaftswahlkampf der Geschichte verwiesen (noch nie ist, wie Rudolf Kirchschläger, ein Staatsoberhaupt in Pension gegangen, immer hat der Tod im Amt für eine auf absehbare Wochen begrenzte Nachfolgekampagne gesorgt). Darüber hinaus könnte überlegt werden, ob zur überdimensionierten Grausamkeit dieser Auseinandersetzung nicht besondere persönliche Konstellationen beitragen: So das Aufeinandertreffen von lustbetonten Attackierern, wie nach eigenem Eingeständnis der Generalsekretär der ÖVP, Michael Graff, einer ist; und einem besonders leicht angerührten Visavis wie Bundeskanzler Fred Sinowatz, der im Nehmen zimperlicher als im Austeilen ist.

Michael Graff, ein brillanter politischer Kopf mit vielen weit überdurchschnittlichen Fähigkeiten, dürfte eine der wenigen Persönlichkeiten in der ersten politischen Reihe sein, die man ausdrücklich als führende Mitverantwortliche an der so unerträglich verschärften Spannung zwischen den Parteien bezeichnen kann. Ich habe seine ärgsten Äußerungen noch einmal Revue passieren lassen, Äußerungen, von denen er als Anwalt behauptet, sie seien »niemals persönlich beleidigend« gewesen – und finde meinen Verdacht bestätigt: Er muß solche Sätze in der Regel ganz bewußt provozierend geplant haben; und sie wurden zu einem Zeitpunkt in die öffentliche Diskussion geworfen, zu dem sie Anlaß zu weiterer Eskalation, zu weiterer Entzweiung sein mußten.

Vermutlich wir sich ein derartiger Politiker aus der Politik, zumindest aus ihrer ersten Reihe, zurückzuziehen haben, quasi als Turmopfer, um die demnächst wahrscheinlich unumgängliche Kooperation der beiden Großparteien zu ermöglichen. Ich nehme an, Graff weiß selbst, daß es so wird sein müssen.

Mit dieser Rückzugsthese folge ich nicht sozialistischer Propaganda, sondern der Meinung mehrerer ÖVP-Landespolitiker. Diese haben es, zusammen mit ihrem jeweiligen sozialistischen Gegenüber, verstanden, in ihrem Bereich einen maßvollen politischen Umgangston und ein jederzeit strapazierfähiges Gesprächsklima aufrechtzuerhalten. Skurrilerweise fallen mir, parallel dazu, die Verse der Prinzessin in Goethes »Tasso« ein: »Willst du genau erfahren, was sich ziemt, so frage nur bei edlen Frauen an.«

Tatsächlich: Was sich politisch ziemt, ist in Österreich seit geraumer Zeit nur noch in den Bundesländern zu erfragen.

Leider nicht im Bundesland Wien. Hier steht an der Spitze ein Anti-Graff, nämlich Bürgermeister Helmut Zilk, und beweist, daß der Wappenschildspruch »Red' ma nimma drüber« in Verbindung mit unnatürlichem Harmoniestreben und ebensolcher Empfindlichkeit politisch gleichfalls auf keinen grünen Zweig führt.

Somit gelangen wir, freilich unter Vorantritt des gewichtigen Fred Sinowatz, vom allzu persönlichen Teil dieses Kapitels wieder zu ... ja, wie wäre diese äußerst österreichische Erscheinung zu bezeichnen, die, nicht so extrem wie bei Helmut Zilk, aber ebenso beharrlich zu einem oberflächlichen Konsens, zur Mitte um jeden Preis strebt? Denn es war keineswegs bloße Worttaktik, die den Vorsitzenden der SPÖ beim Herbst-Parteirat 1984, wo er die Diskussion um die »Perspektiven 90« startete, zur Ausrufung der Sozialistischen Partei als »Partei der Mitte« bewog.

Das ist Österreich. Nur keine Polarisierung im erklärten Willen und

Wollen; alle drei im Parlament vertretenen Parteien reklamieren für sich die politische Mitte; aber – und vielleicht gerade deshalb – unschönster Grabenkampf, Tiefschlag, Bajonettangriff in der Tagespolitik, wo man dem Gegner offenbar ständig vorwerfen muß, Maß und Mitte zu verraten und dumm-extreme Standpunkte einzunehmen.

Fred Sinowatz und seine SPÖ waren zeitlich die letzten, die sich in der politischen Mitte niederzulassen suchten, wo lange vor ihnen schon die ÖVP und kurz davor lustigerweise die FPÖ Quartier gemacht hatten. Die Freiheitlichen übrigens mit dem Hinweis, die einzige liberale Bewegung, sie also, beanspruche die Mitte gegenüber den Sozialisten zur Linken und der neokonservativen Volkspartei zur Rechten. Wo die FPÖ nach eigener Einschätzung ihren deutschnationalen rechten Flügel gelassen haben wollte, blieb offen. Alle Analysen politischer Strömungen ergeben auch heute noch, daß die sich liberal ausschildernde FPÖ-Parteiführung nur mit einem einzigen zwar kleinen, aber treuen Wählerstammkapital rechnen darf: mit den verleugneten Nationalen.

Ähnlich ergeht es Sinowatz mit der SPÖ-Linken, wenn diese auch nicht das einzige Stammkapital der Partei bilden. Doch wollten wir hier, bei der leidigen Betrachtung politischer Unkultur, nicht mit den Flügeln schlagen, sondern den logisch-verlogenen Zug aller Parteien zur Mitte verfolgen.

Ausnahmsweise, weil es so blendend paßt und so schmerzlich trifft, ein längeres Zitat. Es stammt aus dem »Wiener Journal«, das ich wegen seiner eifernden grünen Einseitigkeit hasse und wegen seines angriffslustigen Niveaus liebe: »Ein Beispiel für den Zustand unseres Landes: milde Trottelhaftigkeit des betrogen sein wollenden Publikums; spontane Solidarität mit denen, die ihren Text und ihre Rolle nicht wissen; inniges Einverständnis, fünfe grad sein zu lassen; zwangsbefreite Unschuld aller Ungenierten; kollektive Vereinbarung, die eigene Leistungsfähigkeit nicht einmal halbwegs zu entfalten; geschlossene Abwehrfront gegen jene, die nicht ständig unter ihrem Niveau bleiben wollen; wiederbestätigt auch das heimische Grundgesetz aller Ökonomie, daß wir nur mit Billigstprodukten halbwegs konkurrenzfähig seien – Qualität kannst vergessen, schaut eh niemand drauf...« (Gerhard Wilflinger).

Schrecklich, nicht? Und wie fugenlos läßt sich diese rabenschwarze

Bestimmung der miesen Seite unseres Österreich auf die österreichische Politik im allgemeinen und auf diese Politik der letzten Zeit im besonderen übertragen!
Noch unter ihrem eigenen Niveau. Das könnte als Motto drüberstehen.
Dabei war das Niveau nicht »schon immer« so. Keine Angst, es folgt eine nur ganz kurze Beschwörung der magischen Zeit ab 1945; doch muß sie stattfinden, weil damals schon der Keim der verhängnisvollen »Reden wir nicht mehr darüber« in die österreichische Politik gesenkt wurde. Die prominenten »Männer der ersten Stunde« wußten genau über ihre unterschiedlichen weltanschaulichen Positionen Bescheid. Sie wußten auch sehr genau, warum sie nicht lauthals Länge mal Breite darüber diskutierten: Erstens, weil sie aus viel Entsetzlicherem kamen als aus entgegengesetzten ideologischen Lagern, nämlich aus den Konzentrationslagern des NS-Regimes. Zweitens, weil vor ihnen eine viel größere Aufgabe lag als die undankbare Aufarbeitung der österreichischen Ereignisse von 1927 bis 1938, nämlich der Wiederaufbau aus den Weltkriegstrümmern.
Richtigerweise wurde in den späten vierziger und frühen fünfziger Jahren nur das Einigende betont. Falscherweise unterließ man es auch später, von gesichertem Boden und bei noch intakten Brücken über diverse Abgründe hinweg eine harte Aussprache über grundsätzliche Positionen und historische Fehler zu führen.
Heute fehlen uns weitgehend jene Persönlichkeiten, die noch um 1960 alles im guten, im sauber trennenden Sinn hätten bereden können. Oder ist diese rückschauend erblickte versäumte Chance ein retrospektiver Irrtum von uns Heutigen, wäre die Diskussion schon damals versumpft, verösterreichert in ein »Mir werdn kan Richter brauchen«?
Lassen wir die Frage offen, weil uns nichts anderes übrigbleibt. Fest steht nur, daß es vor fünfundzwanzig Jahren noch die Brücken für eine solche Diskussion gegeben hätte, in den letzten zwei Jahrzehnten aber eine nach der anderen dieser Brücken abgebrochen wurde – nicht nur vom Tod, der Ernte hielt unter den großen alten Persönlichkeiten der Wiederaufbauära.
Wie ein roter Faden durchzieht der Zweifel, ob dies Ursache und jenes Folge sei oder vielleicht doch eher umgekehrt, dieses Buch. Ein

typischer Zweifel der Politik, zweifellos! Wieder sind wir an einer derart dubiosen Stelle angelangt. Bewirkt das über alle begreifbaren Maße hinausreichende Auseinanderklaffen von Programm und politischem Handeln bei SPÖ und ÖVP immer mehr Verlogenheit, immer mehr Unkultur in der heutigen Politik – oder läßt der psychoanalytisch festgestellte strukturelle Ausweichcharakter des Österreichers eine bessere Übereinstimmung von Vorsatz und Tun nicht zu?

Da ist die große bürgerliche Partei, die in ihrem weitgehend unbekannten, sehr papieren formulierten Grundsatzprogramm mit der größten Selbstverständlichkeit die katholische Soziallehre mit einem frischen Wirtschaftsliberalismus unter einen Hut bringt. Im politischen Alltag schreckt die ÖVP dann allzu oft vor der Realisierung der einen wie der anderen der beiden Basisüberzeugungen zurück.

Und da ist die SPÖ, deren Exponenten, je nach ihrem Rechts-Links-Standort, auf die Frage »Ja oder nein zur Integrierung in die bestehende Gesellschaft?« entweder mit Ja oder mit Nein antworten. Das bedeutet: Die derzeit stärkste Parlamentspartei Österreichs befindet sich in einer Selbstbewußtseinskrise, im Identitätskonflikt, zwischen der Bekämpfung (Ziel: Überwindung) des Kapitalismus und dessen sozial-behutsamer Reformierung. Hinzugefügt will sein, daß »Kapitalismus« als gegenwärtige gesellschaftlich-ökonomische Wirklichkeit begrifflich nur noch von den sozialistischen Ideologen aufrechterhalten wird; und auch unter ihnen nicht von allen, wie das Beispiel des SP-Klubobmanns Sepp Wille zeigt.

Genug der schweren Kost. Denn leider wird jede Ideologiedebatte von unseren Medien als kaum verdaulicher, wenig Interesse erweckender Stoff bewertet. So schaut dann der politische Alltag auch aus, nämlich unbedarft bis dorthinaus, auch den kleinen, mittleren und zuweilen sogar hohen politischen Funktionär betreffend: Man stößt im Gespräch auf Leer- und Hohlräume historischer und ideologischer Art, die einen erschaudern lassen.

Daran ändert nichts, daß vor allem in der SPÖ – Exponent: Heinz Fischer – hervorragend beschlagene Ideologen beheimatet sind und in der ÖVP sogar deren beide Spitzenmänner, Alois Mock und Erhard Bussek, die kleine Riege der dem grundsätzlichen Denken Aufgeschlossenen anführen. Die Regel ist eben eine andere: Was auf der Funktionärsschule nicht eingelernt worden ist, lernt oder liest der angeblich fertige Politiker nimmermehr. Es ist halt weniger mühsam, sich als Pragmatiker loben zu lassen denn das eine oder andere Büchel zu studieren.

Blättern wir ein paar Seiten zurück, dann können wir feststellen: Es ist uns gelungen, auf gut österreichisch einen ganzen Kosmos von Verantwortlichkeiten für die jüngste Verwilderung und Verluderung der politischen Kultur festzuhalten. Dennoch reicht dieses Zusammengetragene kaum für ein vages Erahnen der Hintergründe.

Die ungute Entwicklung bleibt auch dann vorwiegend irrational, wenn man daran erinnert, daß das Ende der Ära eines »Großen«, nämlich Bruno Kreiskys, mit dem Beginn eines von Haus aus schwächlichen Experiments zusammenfiel, mit dem der rot-blauen Koalition. Unfein gesagt: Da mußten wohl die Fetzen fliegen in einer skandalunterspickten politischen Umgebung, in der obendrein die vom Kreisky-Bann befreite Oppositionspartei ihre Chance sah und krampfhaft-überschnell wahrnehmen wollte.

Wenn allerdings die Entwicklung auf eine neuartige große Koalition zur Bewältigung der großen Probleme, die allesamt ungelöst anstehen, hinaus soll, dann muß man den Kopf schütteln über so viel Unflätiges, auf bleibende Verletzung Zielendes. Wir werden im Schlußteil nochmals darauf zurückkommen müssen.

Man soll übrigens nicht die Spitzen des Eisbergs der politischen Unkultur in ihrer Bedeutung überschätzen, also meinen, die gegenseitigen Beflegelungen und das über den Niederungen der Tagespolitik gellende Geschrei seien das Ärgste. Ärger sind die aus einer merklich tiefer gewordenen Vertrauenskrise heraus geborenen stillschweigenden Unterstellungen, also das, was dem Gegner an Falsch- und Bosheit, an demokratischer Unwahrhaftigkeit und an Wortbruch nunmehr schon zugetraut wird.

Dies alles bei noch immer intakter Gesprächsbasis zwischen den Obmännern der Großparteien! Man rechne sich, formulieren wir's einmal ganz zahm, die Verlegenheit aus, wenn die beiden Chefs solche persönlichen Schwierigkeiten miteinander hätten wie Karl Schleinzer, der 1975 tödlich verunglückte Obmann der ÖVP, mit Bruno Kreisky oder dieser (und vice versa) mit Schleinzers Nachfolger Josef Taus.

Am Abgrund der politischen Kultur, wir kommen um die abschließende düstere Bemerkung nicht herum, steht freilich auch eine Reihe von Leuten, die an der tiefer werdenden Kluft ihre Freude haben wie Mephistopheles an der sich anbahnenden Verführung Gretchens. Je größer die Krise, desto größer auch die Schar derer, die zwar entsetzt die Hände über dem Kopf zusammenschlagen, sich insgeheim aber in ihrer Überzeugung bestärkt sehen, nur Tabula rasa, nur ein alles umstürzendes Ereignis könne der Unkultur das notwendige abrupte Ende bereiten.

Um das Bild des Abgrunds und der heimlich erfreuten Umstehenden weiter zu strapazieren: Auf der einen Seite stehen die Links-, auf der anderen die Rechtsextremen. Erstere sind wegen gewisser naher Grenzen nie ungefährlich, letztere deshalb nicht, weil sie sich hinter einer Vielzahl von Masken verbergen und alles vor-, nur eines nicht zugeben: daß in ihnen die Überzeugung gereift sei, es gehe nicht nur mit *der* Demokratie nicht mehr weiter, sondern mit Demokratie überhaupt.

Zur teilweise zurückstutzenden, teilweise neue Triebe ermunternden Reform der Demokratie bekenne ich mich auch. Aber ich bekenne mich auch dazu, für den Grundsatz ehrlicher Demokratie kämpfen zu wollen; kämpfen also auch gegen die Pseudo-, Volks- und Nichtdemokraten zur Linken wie zur Rechten.

Der Verlust der Demokratie, meine ich, wäre gleichzusetzen mit dem tatsächlichen Sturz in den Abgrund der politischen Unkultur.

DENKPAUSE

Der Optimist ist zuversichtlich, daß wir in der besten aller möglichen Welten leben. Und der Pessimist fürchtet, daß dies wahr sein könnte. Nicht nur im Sinne dieser ebenso hübschen wie tiefsinnigen Begriffsbestimmung habe ich mit erklärten Optimisten immer nur wenig anfangen können. Ihr Optimismus scheint mir, bei allem Gott- oder Menschheitsvertrauen, zu fatalistisch oder zu aufgesetzt. Auch hat mir Arthur Schopenhauers Urteil über die Blindheit des Optimismus, dieser »ruchlosen Denkungsart«, »als ein bitterer Hohn über die namenlosen Leiden der Menschheit« stets eingeleuchtet – »wo er nicht etwa das gedankenlose Reden solcher ist, unter deren platten Stirnen nichts als Worte beherbergen«.

Es ist nicht beleidigend gemeint; aber ein wenig muß ich da an die berufsmäßig bemühte Frohsicht der meisten Politiker denken, an die von ihnen ausgehende Suggestion aufgekrempelter Ärmel, die Taten versprechen, aber nichts tun; und an die Unansprechbarkeit derselben Politiker auf konkrete menschliche Leiden.

Mir ist eine pessimistisch getönte Persönlichkeit lieber, plausibler, natürlicher. Sie wird die tiefe Krise, in der wir stecken, nicht leugnen und wird diese Krise auch in jene vielen weiteren einzuordnen wissen, mit denen die Menschheit zu kämpfen hat, seit sie sich ihrer selbst bewußt geworden ist.

Pessimistischer Anhauch verhilft zu Augenmaß und praktischer Vernunft. Mit Gestaltungswillen und Tatkraft sind die intelligenten Skeptiker aus jenem Holz, aus dem die Zeit gute Politiker schnitzt.

Unter den einflußreichen Intellektuellen gerade unserer Tage finden sich aber Radikalpessimisten, die ihre No-future-Gesinnung nicht nur hegen und pflegen, sondern sie als leidenschaftlich verkündete Botschaft an die Gesellschaft heranbringen. Wer profundere Einordnungen liebt, kann unter den zahllosen Spielarten des modernen Nihilismus, die der Wiener Wolfgang Kraus unlängst sorgenvoll zusammengetragen hat, wählen.

Psychologisch beeindruckend ist freilich der Hinweis auf die furchtbaren Wechselbäder, die dem Europäer die jüngere Geschichte beschert hat: Zunächst die – man denke an Hitler, an Lenin, an Stalin – Ankündigungen des irdischen Paradieses, politischer Messianismus, Fortschrittsenthusiasmus, auch romantischer Optimismus zarterer Art; und in der Folge, wenig später, Holocaust, Höllenfahrt und unmenschliche Barbarei.

Kein Wunder, daß der geschichtsbewußte Zeitgenosse ebenso wie der, dem die herrschende Gesellschaftsgesinnung des einschichtigen, meist auch noch unfrohen Materialismus von Herzen zuwider ist, der Infektionsgefahr des radikalen Pessimismus ausgesetzt scheint. Diese Krankheit kann Symptome wie Kälte, Zynismus, Untätigkeit an den Tag legen. Sie kann sich aber auch zu destruktiver Glut aufheizen und unheimlich aktiv werden. Aus Zorn auf Entwicklungen des öffentlichen Lebens, Haß auf unfähige Staatslenker, Verzweiflung über sich selbst und seine politische Einfallslosigkeit können heiße nihilistische Strömungen entstehen. Oft strudeln sie in hervorragenden Köpfen. Aber was hilft's, wenn sie – dazu gehört nicht viel – geltende Werte verwerfen, ohne andere Werte zu wissen oder investieren zu wollen, wenn es um den Aufbau einer besseren Zukunft gehen soll?

Wir haben wiederholt die Diagnose gestellt: Österreich hat, aus vielen triftigen Gründen nebst nachweislichen Daten und traurigen Fakten, die Talsohle seiner Midlife-crisis erreicht. Auch für einen in der Wolle zart gefärbten, wenn auch keineswegs kapitalen Pessimisten scheint die logische Antwort aufs »Wohin jetzt?« nur ein »Aufwärts, wohin sonst?« zu sein.

Wie gehe ich nun ans Aufwärts heran?

Der Phantasie sind da beinahe keine Grenzen gesetzt. Ich kann mir Wunschszenarios ausdenken und die Wege dorthin, die Erfordernisse für sie aufzeigen. Ich kann vorhandene Entwicklungslinien weiterzeichnen, etwa unter Heranziehung eines Expertenforums, wie dies, allerdings mit Schwerpunkt Verwaltung und Bürokratie, vor einigen Jahren Helmut Friedrichsmeier für das Österreich des Jahres 1999 getan hat.

Ich kann der inneren Politik oder den äußeren Weltereignissen, dem Wollen oder dem Geschehen, dem Zwang des Faktischen oder der

Lust am Normativen Vorrang einräumen. Ich kann dabei, um kurz nochmals zurückzugreifen, hemmungslos optimistisch sein oder gehemmt pessimistisch. Unsere obzitierten Kapitalpessimisten pflegen gemeiniglich auf Zukunftsentwürfe zu verzichten, da die schwärzesten Utopien bereits geschrieben sind.
Vor allem aber kann ich mich, unter In-den-Raum-Stellen starker Überzeugung, völlig in den Wolken einer Zukunftsdeutung verlieren und dann so tun, als sei das die objektiv richtige Weise, wie die demnächst notwendige Krisenbewältigung anzugehen sei.
Ich möchte es lieber viel bescheidener versuchen und hoffe, dadurch stets auf dem Boden der realistischen Möglichkeiten und Aussichten zu bleiben.
»Realistisch möglich« vom Politischen her, das allein Veränderungen gestalten und sie nicht nur passieren lassen kann, erscheint mir ein gründliches Überdenken folgender Fragen: Wird uns der vor uns liegende machbare Aufstieg aus der Krise erleichtert durch »weniger Staat« oder durch eine Stärkung der Staatsmacht oder gar durch die Entdeckung, daß beides gleichzeitig möglich und wünschbar ist? Wie sollen wir welche Art von Demokratie bejahen, bremsen, einsetzen oder ihr abschwören? Durch welchen Jungbrunnen können die unerträglich gewordenen Parteien zu anderen, zu neuen werden, da es ohne sie, ohne ihre Vielfalt nun einmal keine Gemeinschaft in Freiheit zu geben scheint? Und wie können wir unser Österreichertum besser nützen, unsere Begabungen, unsere manchmal gut und tief verborgenen positiven Eigenheiten, unseren angeblichen »neuen Patriotismus«?
Abgesehen von der zuletzt angesprochenen Mobilisierungsfrage, bei deren Beantwortung das gesunde nationale Selbstbewußtsein wahrscheinlich in einen ironischen Konflikt mit trüberen Schichten des Österreichertums geraten wird, handelt es sich um handfeste Themen, denen eines gemeinsam ist: Es plappert gewöhnlich, wenn sie behandelt werden sollen, einer dem anderen gewisse Glaubenssätze nach und hält sie während des Plapperns bereits für höhere, unantastbare Wahrheiten. Hier kann damit nicht restlos aufgeräumt werden, da bedürfte es eines neuen Herkules, der all die schlampigen Begriffe, leeren Worthülsen und tückischen Sprachfallen aus dem Augiasstall der Politik hinausschwemmt.

Aber ein behutsames Zurechtrücken dessen, was – hinter dem aufgewirbelten Staub von Desinformation – unter Staat, Demokratie oder Partei zu verstehen wäre und wie sehr uns ein natürlicheres Verständnis dieser Eckwerte aus der Krise heraushelfen würde: das könnte versucht werden.

AUS DER KRISE

1. Die Staatsfrage: Mit mehr oder weniger Staat?

1.1 Welcher Staat eigentlich?

Der Staat blickt uns aus tausend verschiedenen Augen an. Er ist Ordnungsstifter, Rechtsquelle, Unterdrückungswerkzeug, Sinnbild der Macht und des Zwangs, Garant unserer Existenz und unserer Pensionen, Allesmacher und Nichtskönner, Ärgernis und Hort der Verläßlichkeit, saugender Polyp und letzter Halt.

Vor allem aber ist er ein ineinander verwobenes Dreierlei. Er ist Rechtsgebilde; er ist Verwaltungsinstrument; und er ist Wirtschaftsunternehmer. Als ersteres läßt er nach, obwohl er nach allgemeiner Übereinkunft nicht nachlassen sollte. Als letzterer bietet er sich unseren Blicken oft als hilfloses und dennoch raffgieriges Ungeheuer dar, dessen Schwäche erwiesen ist. »Der Staat tritt seit Jahrzehnten die Flucht in die Privatwirtschaftsverwaltung an«, meint Erhard Busek. »Längst steht der Staat mit seinem vielfachen Ausstiegsprogramm mit sich selbst im Wettbewerb, wobei er sich bei allen negativen Folgen dieser Entwicklung kräftig des Steuerzahlers bedient.«

Die Forderung nach ökonomischer Entstaatlichung (eigentlich: Entökonomisierung des Staates) ist mehr als nur ein Modetrend des Neokonservativismus. Was uns jene Funktionäre, die niemals zögern, jede wichtige, weil merklich das Allgemeinwohl berührende wirtschaftliche Aufgabe sofort dem Staat zuzuweisen, allein im Lauf der letzten fünfzehn Jahre eingebrockt haben, liest sich wie eine Horrorstory.

Anton Kausel, ein namhafter SPÖ-naher Wirtschaftsfachmann, hat in der Mainummer 1986 der ÖGB-Zeitschrift »Solidarität« von der »jahrzehntelang abonnierten Überholspur der österreichischen Wirtschaft« geschwärmt und im Schwärmen die Frage gestellt: Wie stünden wir erst da, wenn »solche peinlichen Fehlschläge und Schildbürgerstreiche« wie AKH (also der in jeder Hinsicht aus den Fugen geratene Neubau des Wiener Allgemeinen Krankenhauses), Zwentendorf, Hainburg, WBO (die VP-lastige Pleite der Wohnbau Ost), Klimatechnik (woran sich die Länderbank beinahe den Tod geholt hätte), Weinskandal, Bayou, Intertrading, Merx nicht passiert wären?

Wohlgemerkt: Außer dem Weinskandal sind alle aufgezählten Milliardenflops staatsgemacht. Und alle wurden letztlich mit Steuergeldern gepäppelt und zum Teil repariert, mit einer Gesamtsumme, die, grob geschätzt, allein bei den von Kausel genannten allergrößten Fehlplanungen und -durchführungen die 150-Milliarden-Schilling-Grenze durchstoßen dürfte.

Niemand, er sei denn Marxist um jeden Preis, wird abstreiten, daß hier der Staat einen Unfähigkeitsnachweis geliefert hat, der es nicht mehr erlaubt, von zufälligen Mißgriffen und Fehlschlägen zu sprechen.

Zwischen dem ordnenden, dem verwaltenden und dem wirtschaftenden Staat werden wir also leidenschaftslos zu unterscheiden haben; leidenschaftslos deshalb, weil es auch bei diesen Erörterungen zu keiner Schwarzweißmalerei kommen soll. Wenn wir vorerst der Bürokratie – oder besser: der Bürokratisierung – einige Forderungen widmen, dann sicherlich nicht, um die seit Jahrzehnten gewohnten sterilstereotypen Klagen fortzuspinnen.

Es muß gelingen, die Verwaltungsreform als Philosophia perennis wieder in Schwung zu bringen. Verwaltungsreform ist viel mehr als ein unmögliches Alibivorhaben, wenn auch viel weniger als ein Projekt, das sich nach einer Legislaturperiode mit Pauken und Trompeten und mit einer Vollzugsmeldung abschließen läßt. Hinter dieser »ewigen Reform« muß freilich starker politischer Willensdruck stehen.

Wer, wie Bundeskanzler Josef Klaus von 1966 bis 1970, mit dem (isoliert gesehen fragwürdigen) Ziel einer Beamtenreduktion ins Rennen geht, wird zumindest bescheidene Erfolge haben. Wer, wie Bundeskanzler Fred Sinowatz seit 1983, auf wiederholte Fragen sich weigert, die abermals und abermals steigende Beamtenzahl auch als negative Entwicklung zu sehen, wird die Bürokratisierung nicht stoppen können.

Wer grundsätzlich und überall, nicht nur in ausgewählt-notwendigen Bereichen, kontrollieren und demokratisieren will, braucht überdi-

mensioniert mehr Kräfte im öffentlichen Dienst. Beispiel: An den Universitäten wäre, überlegt eingesetzt, mehr Kontrolle und weniger professorale Selbstherrlichkeit wahrscheinlich ohne viel bürokratischen Aufwand machbar gewesen. Man entschied sich für die große Demonstration, für das UOG, und damit für eine Vervielfachung des Verwaltungsaufwands. Niemand wende hier ein, der UOG-bedingte Mehraufwand an nichtwissenschaftlichem Personal rechtfertige diese Behauptung nicht. Man sehe sich den vervielfachten bürokratischen Zeiteinsatz der Wissenschaftler an! Er kostet, in Steuergeld umgerechnet, wahrscheinlich einen neunstelligen Schillingbetrag pro Jahr.
Weiters: Es müßte möglich sein, die eigentliche Spielwiese der Parkinsonschen Gesetze, nämlich die Gründung neuer und die Aufteilung bisheriger Abteilungen innerhalb von Verwaltungseinheiten (etwa in Ministerien), auszugrenzen und abzusperren. Eine zusätzliche Aufgabe erfordert einen zusätzlichen Sachbearbeiter. Eine zusätzliche Abteilung zwecks Besorgung einer zusätzlichen Aufgabe vervielfacht durch ihre hierarchischen Eigengesetzlichkeiten den Personalbedarf.
Schließlich muß der schon lange hartnäckig verfolgte Versuch, zwei prinzipiell anerkannte Ideen endlich Schritt um Schritt in die Praxis umzusetzen, Erfolg bringen: Wo immer es im großen oder kleinen angängig ist, müßten weniger, aber besser bezahlte Beamte den vielen, schlecht bezahlten Beamten vorgezogen werden. Und wo immer es geht, müßte der Leistungsbezahlung auch in der öffentlichen Verwaltung Tür und Tor geöffnet werden.
Geben wir uns aber keinen Illusionen hin. In einem Dienstleistungsstaat wie dem unseren kann »Entbürokratisierung« nicht so weit getrieben werden, daß wir dadurch auch nur einen Teil der Krisenbewältigung schaffen könnten. Denken wir andersherum: Gewährenlassen und Laissez-faire gegenüber den Automatismen des öffentlichen Dienstes müßten, weil an neuralgischen Stellen wirksam, die so wichtige Aufbruchsstimmung wieder erschlaffen lassen.

1.2 Nicht so schwach wie möglich ...

Mit der boshaften Zitierung einer gar nicht boshaft gemeinten Aufzählung von staatswirtschaftlichen Pleiten und Pannen haben wir vorhin schon angedeutet, wo – um es einmal ungehemmt norddeutsch zu sagen – die Straße aus der Krise ganz sicher nicht lang führt. Diese Erkenntnis bedingt keinen bürgerlichen Radikalismus, erfordert nicht die Stützung durch einen Modetrend und greift sogar schon in den Reihen sozialistischer Parteigänger um sich.

Nur eines: Der Abbau des Staates soll nicht aus Ideologie, sondern aus praktischer Überzeugung im Einzelfall geschehen. Wird diese Regel befolgt, dann fällt auch die Rollenteilung in Ankläger und Angeklagten weg – und damit ein Dogma, das wie ein Dolch einmal von der einen, dann von der anderen Seite gezückt wird, um auf den jeweiligen Gegner einzustechen. Gemeint ist der Streit darum, wer im konkreten Fall die Beweislast für einen Privatisierungsvorgang zu tragen hat, der Staatsbefürworter oder der Staatsgegner.

Ich möchte mich also durchaus gegen einen Slogan wie »So schwach wie möglich« wehren, wenn es um den Staat als Unternehmer geht. Noch entschiedener wehre ich mich gegen die notorischen »Staatszuweiser«. Heute wissen wir, daß die Generalklausel »In dubio pro re publica« in ökonomischen Belangen eine falsche, viel zu lange verfolgte Leitlinie gewesen ist.

Diese bequeme Regel befindet sich übrigens noch immer nicht auf dem Aussterbe-Etat. In den nächsten Jahren könnte beispielsweise die Gefahr bestehen, daß der Umweltschutz ebenso wie die immer stärker als Faktor 1 der Gesundheitspolitik entdeckte sozial-humane Betreuung automatisch vom Staat vereinnahmt werden. Sogar eine halbe Verstaatlichung durch ein Netz von Subventionen wäre ein unnötiges Übel.

Anderseits könnte dem Staat, wenn sein Image-Abbau so weitergeht wie zuletzt, durch eine Husch-Pfusch-Privatisierung schwerer psychologischer Schaden zugefügt werden. Es ist, wie wir demnächst zeigen wollen, geradezu verhängnisvoll, wenn der Staat auf der berüchtigten Verdrossenheitsliste obenan steht. Somit empfiehlt sich, da und dort eine Grenze zu ziehen und den Staat ungeschoren zu lassen. Vielleicht genügt es, sich die beiden Grundsätze zu merken:

1. Nichts ist verhängnisvoller, als dem Staat alle Initiativen und alle Verantwortung zu überlassen.
2. Der Staat taugt nicht für die Führung von Unternehmen, das hat er bisher nie gut gemacht.

Der erste Satz wurde, wie Hawlik/Schüssel melden, vom im Frühjahr 1986 abgelösten bisher letzten sozialistischen Ministerpräsidenten Frankreichs, Laurent Fabius, gesagt. Der zweite Satz stammt vom sozialistischen Ministerpräsidenten Spaniens, Felipe González. Beide Sätze könnten auch, unter Nachsicht weniger Taxen, von österreichischen SP-Wirtschaftspolitikern wie Egon Matzner oder Ewald Nowotny stammen.

Wenn wir den Staat als Wirtschaftsunternehmer zurechtbeuteln, nicht zu derb, aber auch nicht zu zart, dann tun wir damit einiges, um uns das Abheben aus der allgemein konstatierten Krise der Mittachtzigerjahre zu erleichtern. Ich bin übrigens in diesem Punkt besonders zuversichtlich: Eine in eine strukturelle Schwächephase tauchende SPÖ wird demnächst viel von ihrer Macht an Kräfte abgeben müssen, die dem Staat kritischer gegenüberstehen.

Das kann innerparteilich verstanden werden, vor allem aber doch so, daß damit eine lange sozialistisch dominierte Ära in der Staatswirtschaft zu Ende gehen dürfte, die zu einer erklecklichen Substanzausweitung des gemeinwirtschaftlichen Einflusses geführt hat. Ihr vorläufiges Ende mit dem Absturz der VOEST ins beinahe Bodenlose ist begleitet und markiert von einem bis vor kurzem nicht vorstellbaren Popularitätsverlust der verstaatlichten Industrie in der Bevölkerung.

Ein sozialistischer Abgeordneter hat mir gegenüber in verbitterter Stimmung das böse Wort von der »öffentlichen Meinung als Dirne« verwendet, damit also sagen wollen, das Volk bete leider den Erfolg an und lasse den Träger eines Mißerfolgs von gestern auf heute fallen.

Nicht zuletzt deshalb, weil daran einiges wahr ist, versuche ich dem Zeitgeist der Privatisierung und Entstaatlichung nicht ganz und gar die Zügel schießen zu lassen. Aber in seinem kontrolliert-frischen Dahingaloppieren sollte man ihn nicht hindern.

1.3 ... aber so stark wie nötig

Im europäischen 20. Jahrhundert hat der Staat zunächst eine große, verdienstvolle Aufgabe als Bahnbrecher und Garant einer sozialeren Gesellschaft erfüllt. Die sozialistischen Parteien, obgleich nur ausnahmsweise an der Regierung, christlichsoziale Bewegungen und die erstarkenden Gewerkschaften trieben fundamentale Regelungen im Arbeits- und Sozialversicherungsrecht voran. Der Staat als Gesetzgeber verwandelte sie in verbindliches Recht. Was der liberale Nachtwächterstaat des 19. Jahrhunderts mit größter Selbstverständlichkeit der Privatwelt überlassen hatte, wurde zu einer Domäne des Staates.
Nach Weltwirtschaftskrise, sich verstärkendem faschistischem Terror, Weltkrieg, »Untergang« 1945 und Wiederaufbau setzte der Staat in Österreich und Umgebung, also in den meisten westeuropäischen Industriestaaten, den bis etwa 1930 eingeschlagenen Weg in sich beschleunigendem Tempo fort. Unter dem Einfluß stärker gewordener sozialdemokratischer Bewegungen nutzten die politisch bestimmenden Kräfte die Jahre der Hochkonjunktur zu – freilich nach Art der Nationen verschiedenen – Verwandlungen. In deren Mittelpunkt stand in der Regel die Konstruktion des Wohlfahrtsstaats und der ständige Weiterbau an diesem Gebäude.
Der Staat als Ordnungsstifter wurde mehr und mehr überwuchert vom sozialbürokratischen Staat und vom Staat als Unternehmer und Verteiler. Der Wohlfahrtsstaat wuchs zum Turm von Babel, dessen komplizierte und teure Funktionen nur noch vereinzelte Fachleute zur Gänze verstehen konnten.
Im Inneren dieses seiner ursprünglichen Natur immer mehr entwachsenen Gebildes aber starb etwas ab. Es war der Staat im engeren Sinn. Das Traggerüst wurde brüchig. Und der Zorn seiner Bürger, der schließlich in weitverbreitete Verdrossenheit gegenüber fast allem, was Staat war, umschlug, richtete sich gar nicht überwiegend gegen bürokratischen Unfug und selbstherrliche Sozialapparate der öffentlichen Hände, gegen würgende Steuerschrauben und freiheitsbedrohende Vormundschaften. Sondern er wandte sich, wie mir scheint, vor allem gegen vernachlässigte Ordnungs- und Sicherheitsaufgaben.
Der Staat hat ja nach allgemeiner Auffassung die Gesellschaft vor sich selbst zu schützen.

Von erbitterten Gegnern des Law-and-order-Gedankens bin ich stets dann am härtesten angegriffen worden, wenn ich in Kommentaren davor warnte, durch lässige Handhabung von Rechtsvorschriften und nachsichtiges Wegschauen vom kleinen Alltagsterror den Ruf nach mehr Ordnung und Sicherheit und damit den bedenklichen Ruf nach einer »stärkeren Hand« geradezu zu provozieren. Der Gegenvorwurf lautete, ich provoziere meinerseits durch das Aufmerksammachen auf dieses mögliche Phänomen den Ruf nach Law and order.
Ich glaube aber, daß nur ein starker Staat – deutlich stärker, als er jetzt ist – die in der Masse steckende, suchende Sucht nach der starken Hand, dem starken Politiker, schließlich dem »starken Mann«, der aufräumt, zeitgerecht heilen kann. Das hat das wenigste mit mehr Polizei oder mit hartem Durchgreifen zu tun, und schon gar nichts mit unternehmerischer Wirtschaftsmacht des Staates.
Viel mehr geht es um eindeutige politische Bekenntnisse, um wohlüberlegte, aber auch prophylaktische Bekämpfung des erwähnten kleinen Alltagsterrors, den fast verschwindende Minderheiten ausüben. Zuvor aber soll die Staatsehre wiederhergestellt, der Staat im menschendienlichen Sinn neu errichtet werden.
Es ist nötig, den Staat als »gute Autorität« zu stärken, damit er nicht so rasch, und gar durch angeblich demokratisches Wollen der Bevölkerung, zur bösen Autorität werden kann.
Ein wenig habe ich den Eindruck, daß seit kurzem ein paar Züge in die richtige Richtung abgefertigt worden sind. Einige Politiker, und zu ihnen zähle ich durchaus auch Fred Sinowatz, sind weniger liberal als ihre unmittelbaren Vorgänger. Im politischen Alltagsleben, das von Parteipolitik diktiert ist, sieht man vor allem die wenig tolerante, die Schattenseite dieser neuen Haltung. Aber es wäre ungerecht, vor den komplimentären Vorteilen die Augen zu verschließen. Da wir nun einmal das verheerende Gegenbeispiel Hainburg so dick herausgestrichen haben, dürfen wir nicht anstehen, auch die konträre Beobachtung, eineinhalb Jahre nach Hainburg, zu Protokoll zu geben: Manche Staatsfunktionäre scheinen die Gefahr der Schwäche erkannt zu haben und gegensteuern zu wollen.
Es sind gerade die am wenigsten hochtrabenden Beispiele, die man nicht belächeln sollte. Sofern etwa die Ordnungsbehörden nach jahrelangem Weghören im Kampf gegen den mutwillig verursachten Lärm

wirklich beharrlich bleiben und sich nicht auf den Lorbeeren der Anfangserfolge ausruhen, dann werden das Ergebnis Hunderttausende Mitbürger, die sich terrorisiert und hilflos fühlten, »dem Staat« gutschreiben. In diesem Fall der zumal durch mutwillig-absichtsvoll erzeugten Kfz-Lärm zu nervöser Weißglut gereizten Groß- und Kleinstadtbewohner mag übrigens im letzten Moment das Üben von Selbstjustiz vermieden worden sein.
Es bedarf keiner weiteren Beispiele, jedem von uns sind nun, beim Stichwort Alltagsterror, Dutzende geläufig. Jeder von uns wird auch vernünftigerweise ahnen, wieviel Fingerspitzengefühl des Staates und seiner Exekutivbeamten dabei gefordert wird. Denn nur die Dümmsten können meinen, daß mit Durchgreifen, Verbieten und Strafen allein irgendein Problem gelöst werden kann – vor allem nicht die vielen und immer neuen Probleme, die unsere Gesellschaft seit rund zwei Jahrzehnten ihrer Jugend angezüchtet hat.
Doch kann ein stärkerer Staat, kann seine Notwendigkeit durch nichts ersetzt werden, auch nicht durch die Einsicht, Gravierendes in Erziehung und Kulturpflege falsch gemacht zu haben.
Es haben sich ja seit den sechziger Jahren auch die Mißverständnisse rund um die Frage gehäuft, was uns der Staat begrifflich eigentlich sein soll. Hand in Hand mit der kritik-, ja gedankenlosen Höher- und Überbewertung von »Demokratie« als Hülsenwort, vor dem jeder kuscht, ging das Absterben des Staates als Wertbegriff. Das tatsächliche Absterben des Staates, visionär-programmatisch jedem gelernten Marxisten von Denkvater Karl Marx eingegeben, war in der »Praxis« der sozialdemokratischen Ideologie eher zu einem Fall für Tiefenpsychologen oder Psychiater verkommen: Einerseits ersah jeder, der sehen wollte, aus dem Geschichtsablauf seit Marx die Unsinnigkeit der Absterbens-Theorie, anderseits versuchte man offenbar als Sozialdemokrat, den kommunistischen Verrat an der Lehre – die perverse Staatsstärkung zwecks Menschenunterdrückung – durch liberalisierende, staatsschwächende Manöver zu konterkarieren.
Jedenfalls erzeugt »Staat« heute wertungsmäßig einen Mißklang. Es war letzthin ein Verdienst des Salzburger Philosophieprofessors Alois Huter, auf seltsame, oft gar nicht unbeabsichtigte Sprachschlampereien und ihre Folgen aufmerksam gemacht zu haben: Man rede von »Demokratie«, mahnte er, und meine damit den »freiheitlich verfaß-

ten demokratischen Staat«. Man sehe vor lauter Demokratie den Staat nicht mehr, obwohl Demokratie zwar ein Prinzip, doch immer nur ein Mittel zum Zweck Staat gewesen sei. Die landläufige Verdrehung wird uns später noch einmal beschäftigen.

Der Staat zumindest hat nachweislich unter einer Denkunart der heutigen Welt gelitten, die fast nur noch in Kategorien der Funktion, des Nutzens und des Eigennutzens, nicht mehr in Kategorien der Zwecke denkt (Huter). Je mehr wir Überdrüssige uns aus dem Staat und dem politischen Handeln zurückziehen, um so mehr sind wir auf den Staat als unseren Rechtsschutz angewiesen. Wo sich der Staat in Gesellschaft auflöst und Gesellschaft in Gruppen, Grüppchen, Interessengemeinschaften zerfällt, dort droht Anarchie.

Ein bemerkenswerter Gedanke, dessen Verfolgung unseren Rahmen freilich sprengen würde und der auch über das erlaubte Ausmaß an Denkspielerei hinausginge, wäre übrigens eine aktuelle Gegenüberstellung von Staat und individueller Freiheit in Österreich. Man sähe dann wahrscheinlich genauer, wie sehr der Staat als Autorität, wenn auch ganz und gar nicht als überforderter Wirtschaftsführer, in der Ära Kreisky verblaßt ist, während scheinbar die Freiheiten der Person zunahmen.

Auf einem anderen Blatt steht, daß sich die Menschen bei zunehmender Freiheit immer entwurzelter fühlen. Darauf hat Erich Fromm schon vor mehr als vierzig Jahren hingewiesen. Es war in Österreich, während des trügerischen, zumindest ambivalenten Freiheitsschubs der siebziger Jahre, nicht anders. Mangels Gebundenheit wuchs das Gefühl der Orientierungslosigkeit, und auch deshalb erfuhren religiöse Sekten gewaltigen Zulauf, bildeten sich mehr Jugendbanden denn je, gab es aber auch rührende Versuche, die alten, dahingeschwundenen Familien-, Untertanen- und Berufsverbände durch Lebenszusammenschlüsse Gleichaltriger und Gleichgesinnter praktisch und emotional zu substituieren.

Freiheit ist auch und gerade heute ein schillernder Wert, der uns zwar, wenn er eingeschränkt wird, in peinigender Weise fehlt. Was aber fangen wir mit ihm an, wenn wir im Vollbesitz des Freiheitsgenusses stehen? Ich glaube auch hier, daß ein gestärkter Staat – als positives, vernünftiges Gegenüber der individuellen Freiheit und als ihr Garant – das Dilemma besänftigen helfen könnte.

Der Mensch in der zweiten Hälfte der achtziger Jahre bedarf mehr denn je vieler Bindungen und Einbindungen, da er deren allzu viele verloren hat. Ich befürworte natürlich nicht den verstaatlichten Bürger, den wir, als Gegebenheit wie als Gefahr, historisch gottlob hinter uns gelassen haben. Die teils vollzogene, teils drohende Abwendung von unserem Staat aber, die unnötige Durchtrennung einer weiteren Nabelschnur zu einer einbettenden, im guten Sinn autoritätsbestimmten (und doch modern legitimierten) Gemeinschaft ist oder wäre ein grausamer Schritt. Überlegen wir ihn uns genau, gehen wir ihn, im Fall des Falles, zurück. Zurück zu unserem Staat Österreich.
Eines ist ja auch klar: Auf unserem sicherlich mühsamen Weg aus der Krise können wir manches zurücklassen; nicht aber diesen Staat.

2. Die Demokratiefrage: Mit welcher Art von Demokratie?

2.1 Parlamentserneuerung an Haupt und Gliedern

Dem aufmerksamen Leser wird nicht entgangen sein, daß ich mich zur Demokratie zunächst kämpferisch-bejahend, dann aber scheinbar zurückhaltend geäußert habe. Auch wenn dies hier kein Bekenntnisbuch einer journalistischen Seele sein soll, muß in einem so heiklen Bereich Klarheit herrschen: Ich glaube, daß einer, der behauptet, die Demokratie habe sich überlebt, ein politischer Roßtäuscher ist. Er müßte nachweisen, daß auch ohne Demokratie ein Leben in persönlicher und geistiger Freiheit und in einem geordneten Staat möglich wäre. Das ist bisher nie gelungen, und meines Erachtens kann es nicht gelingen.
Weiters aber sollte klar sein, daß »Demokratie« kein allererster geheiligter Zweck der Gesellschaft, sondern ein mühsames Mittel zur Erreichung menschenwürdiger Minimalziele darstellt. Wer vor lauter Demokratie den Staat nicht mehr sieht, ist auf dem Holzweg. Jene aber, die gar vor der Demokratie anbetend im Staub liegen und ihr

opfern, was gut und teuer, nicht aber, was recht und billig ist – diesen stehe ich mit größtem Argwohn gegenüber. Ohne vom stets geöffneten Rachen der Selbstgerechtigkeit verschlungen zu werden, hoffe ich inständig zweierlei: erstens ein natürliches, unverkrampftes Verhältnis zur Demokratie gefunden und an den Tag gelegt und zweitens für Mißverständnisse keinen Ansatzpunkt geboten zu haben.
Die besten staatsphilosophierenden Köpfe haben sich dieselben seit Tausenden Jahren über das zerbrochen, was wir Demokratie nennen. Diesem Denken wird hier nichts hinzugefügt; wer sich dafür interessiert, findet unabsehbar umfängliche Fachbibliotheken. Unser Thema aber fordert Pragmatik.
Gegeben ist im heutigen Österreich, so krisengeschüttelt es auch sein mag, eine demokratische Verfassung. Die demokratische Umsetzung dieser Verfassung in politische Macht wird von einer regen, wichtigen, meist jugendlichen Minderheit bestritten. Die Mehrheit schweigt und scheint der These der Machthaber zuzustimmen, daß im Grunde der demokratische Konsens intakt sei, im praktischen einzelnen aber manches, wenn auch nicht vieles, möglichst behutsam reformiert werden müsse.
Zwischen äußerst kritischer Minderheit und eher beharrender, wenn auch von Überdruß nicht verschonter Mehrheit befindet sich eine Schicht aufgeschlossener Politiker und Intellektueller, die einer eher mehr als weniger weitgehenden Reform der Demokratie, jedenfalls aber einer intensiven, das Gewohnte durchaus in Frage stellenden Diskussion das Wort reden.
In all diesem Sinn soll Demokratie einfach nur als Regierung und Regierungskontrolle durch Parlament, durch Diskussion und durch Mehrheitsentscheidungen unter besonderer Berücksichtigung unmittelbar Betroffener und praktikabler direktdemokratischer Willensäußerungen verstanden werden. Diese Begriffsbestimmung ist wesentlich klobiger als die wunderschöne Definition Abraham Lincolns aus dem Jahr 1863: Demokratie sei Regierung des Volkes durch das Volk für das Volk. Das Klobige sagt allerdings in diesem Fall viel Genaueres aus als das Schöne.
Ohne Parlament, Diskussion und Mehrheitsentscheidung ist die erste, wichtige grundsätzliche Ebene einer demokratischen Lebensart nicht denkbar, wobei »Parlament« nicht als heutige Wirklichkeit in Öster-

reich verstanden werden darf. Die zweite, neuere, in der Reformauseinandersetzung so wichtig gewordene demokratische Ebene baut sich aus obligatorischer Einschaltung aller direkt Betroffenen in den Willensbildungsprozeß einerseits und aus einer fakultativen Mitentscheidung aller Stimmbürger in wesentlichen politischen Fragen anderseits auf. Die erste Ebene ist die der repräsentativen, die zweite Ebene jene der direkten Demokratie.

Die Diskussion, wie gesagt, wird nachhaltig geführt. Entwicklungen sind eingeleitet, unser demokratisches Gebäude ist bereits in Umgestaltung begriffen, und nur von zwei extremen Gruppen weiß man jetzt schon, daß sie am Ende tief unzufrieden mit dem Gewordenen sein werden: die einen, die im Ernst glauben, die heutigen Ausformungen der Demokratie seien das Best-Erreichbare und sollten daher unangetastet bestehen bleiben; und die anderen, die unser repräsentativdemokratisches System auf ein vorwiegend direktdemokratisches umpolen wollen.

Nun müssen wir, ehe wir dieser Reformdiskussion allzu viele Aussichten einräumen und sie zu einem krisenüberwindenden Vehikel ernennen, gewisse Zusammenhänge sehen. Es liegt leider im Wesen demokratischer Politiker, daß sie, um gewählt zu werden und ihr Mäntelchen im Winde des Fortschritts flattern lassen zu können, zuweilen handfeste Zugeständnisse über ihre Überzeugung hinaus machen und in Versprechungen ihre Grundsätze noch weiter aufweichen. All die Grün-Rebellen, Bürgerinitiativen, alternativ Bewegten und Protestträger bewirken dergleichen; übrigens eine traurige Erscheinung in den allerletzten Jahren, dieses fast schon würdelose Entgegenkommen, Entgegeneilen der Politiker auch dann, wenn wild formulierte und kaum durchdachte radikaldemokratische Forderungen eigentlich mehr zum Davonlaufen sind.

Das Ergebnis ist eine schiefe Sicht der Dinge in der Öffentlichkeit. An sogenannter Bürgermitbestimmung wird nicht annähernd das verwirklicht werden können, was führende Politiker als möglich haben durchblicken lassen. Soviel, um gleich zu Beginn die Perspektive zurechtzurücken.

Eine weitere, aber, wie ich annehme, schon in den nächsten Jahren anläßlich der fälligen Ablöse einer Politikergeneration zu beseitigende gewaltige Verlogenheit ist der völlig veraltete, ja anachronistische Parlamentskult, der im Österreich der – wie wir hoffen: ausgehenden – Midlife-crisis getrieben wird. Eine ernstliche, grundlegende Umformung der parlamentarischen Praxis ist unumgänglich. Dabei müssen Wesen und Funktion des Parlaments als gesetzgebende und kontrollierende Versammlung demokratisch gewählter Volksvertreter in striktester Weise erhalten bleiben.

An den Grundfesten des Parlaments darf nicht gerüttelt werden. Aber der bröckelig gewordene und muffig riechende Überbau ist gänzlich zu erneuern.

Es geht nicht an, daß in einer politischen Welt, die sich in zwei, in zweieinhalb Jahrzehnten in etwas völlig Neues verwandelt hat und demnächst wohl noch einmal in etwas Neues wandeln wird, ein parlamentarischer Ablauf mit Ritualen von anno dazumal herrscht, der noch dazu der zum Teil naiv staunenden, zum Teil erbosten Öffentlichkeit per Fernsehen ins Haus geliefert wird. Wir dürfen wegen vermeintlicher Unantastbarkeit von Institutionen in ihrer Funktion und Selbstdarstellung nicht die schmerzliche Erkenntnis unter den Teppich kehren, daß gerade dadurch, also etwa durch die Präsentation des Parlaments, die heutige Politikverdrossenheit in ganz besonderem Ausmaß gezüchtet wird.

Das Parlament agiert, so wie es heute agiert, an jeder lebendigen Wirklichkeit und gar an jeder vorstellbaren Zukunft vorbei. Da es mit Sicherheit durch nichts Nichtparlamentarisches ersetzt werden kann, muß gerade an diesem Herzstück des Staates eine Reform eingeleitet werden, bei der unter Umständen fast nichts beim Althergebrachten bleibt.

Nur schlagwortartig einige Steine des Anstoßes aus dem Problemberg: Die parlamentarische Hauptaufgabe, die Gesetzgebung also, liegt absolut im argen, wie wir bereits gesehen haben. Die Qualität der Gesetze in Inhalt, Form, Sprache und Ausführbarkeit ist ebenso bejammernswert wie die bisherige Phantasielosigkeit und Zaghaftigkeit der Reformanläufe. Wenn der Endzweck der Gesetze so arg verfehlt wird, sind händeringende und oft auch eitle Konservativismen, die jeden bisherigen Reformanlauf stoppten, nicht mehr tragbar. Die zweite Kammer, der Bundesrat, erfüllt – um es ausgesucht höflich zu sagen – seine Hauptaufgabe, die Bundesländer in der Gesetzgebung zu repräsentieren, in überhaupt keiner Weise.

Die äußeren Formen der Verhandlungen im Parlament sind indiskutabel geworden, der Eindruck beim Bürger ist immer öfter der einer im Kreis laufenden Parodie. Die zumeist von schlechten, unzeitgemäßen Gesetzen vorgeschriebene Bürokratie, die den Ablauf der parlamentarischen Maschinerie regelt, spottet jeder Beschreibung. Das Herumdoktern, dieses Ausweiten des Parlaments in räumlicher und personeller Beziehung, kostete immense Summen und brachte nicht einmal einen Teilerfolg im Kampf mit den überlieferten Unzulänglichkeiten. Wenig Effektivität, dafür sichtbar-stolzer Aufwand.
Auch die innere Organisation, vom Klubzwang bis zum Ausschuß- und Unterausschußwesen, ist unbefriedigend, ja nicht länger in der überkommenen Art und Weise tragbar. Dabei haben wir nicht einmal daran erinnert, wie wenig Einfluß der Wähler auf die Person des Gewählten hat, und auch die seit 1971 bewußt in Kauf genommenen Ungereimtheiten in der Umsetzung von Stimmen in Mandate sind außer Ansatz geblieben.
Es gilt als Weltunikum, daß eine kleine Partei in der Wahlarithmetik bevorzugt wird. Aber Bruno Kreisky und Friedrich Peter, schon vor fünfzehn Jahren gemeinsam um den möglichen Regierungspartner FPÖ besorgt, machten es möglich. Dadurch wurden den Freiheitlichen bei den letzten Nationalratswahlen zwei zusätzliche Mandate zugeschanzt: Die SPÖ brauchte im Durchschnitt für einen Sitz im Nationalrat 25 700 Stimmen, die ÖVP 25 900, die FPÖ aber nur 20 150.
Ein ganz großer Frühjahrsputz ist unumgänglich, bei dem man vor Verfassungsänderungen nicht zurückschrecken wird dürfen. Unverändert muß nur bleiben, was unser demokratisches Grundgesetz mit dem Parlament im Sinn hatte: Das Volk soll seine Repräsentanten auf eine gewisse Zeit in einem korrekten, unmanipulierten Wahl- und Auswahlprozeß bestimmen. Und dann sollen diese Vertreter des Volks ihre Aufgaben, die in der bestehenden Verfassung im großen und ganzen gut und ausreichend umrissen sind, in zeitgemäßer Form und unter gut überlegter Kontrolle durch die Öffentlichkeit auch durchführen können.
Am Ende dieses auszugsweisen Sündenregisters wundert's einen, daß man so fröhlich ist, lies: daß man sich so gut vorstellen kann, die Parlamentsreform im besonderen und andere Demokratiereformen im

allgemeinen würden von einer zur Vernunft zurückgekehrten großen Koalition der Vernünftigen schon morgen in Angriff genommen und in etwa zwei Legislaturperioden abzuschließen sein.

2.2 Sonderfall Bundespräsident

Im Jahr 1986 haben in Österreich drei Faktoren die Diskussion um die Rolle des Bundespräsidenten im politischen und staatlichen Gefüge angeheizt: Der Wechsel im Amt, also der Abschied von einem unbestrittenen, hochgeachteten, nahezu verehrten Staatsoberhaupt und die Wahl eines neuen; die Art und Intensität des Wahlkampfs, in dessen Verlauf einer der beiden Hauptkandidaten erklärte, er wolle ein »aktiver Bundespräsident« sein und in diesem Sinne das bisherige Rollenverständnis etwas verändern; schließlich die Tatsache, daß nunmehr das Ansehen der Politik auf einem Tiefpunkt angekommen, in unserem Sinne also die Midlife-crisis Österreichs voll ausgebrochen schien.
Man blickte voll Verzweiflung um sich, woher und von wem Hilfe zu erwarten sei. Da schien sich der »republikanische Ersatzkaiser« in der Wiener Hofburg, der Erste Bürger der Republik, für bestimmte Hoffnungen – oder sind es eher unbestimmte? – geradezu anzubieten.
»Es wäre falsch, Enttäuschungen und Frustrationen in Hoffnungen auf einen Bundespräsidenten zu verwandeln«, warnt der Staatsrechtler Manfried Welan, der sich zuletzt von allen einschlägigen Gelehrten am gründlichsten mit Rolle und Wesen des österreichischen Staatsoberhaupts beschäftigt hat. Nun, da die Wahlaufregung vorbei und der neue Bundespräsident vom Volk gewählt ist, läßt sich die Frage um die in den Bundespräsidenten gesetzten Hoffnungen etwas ruhiger und unbefangener diskutieren.
Zu Recht wird immer wieder daran erinnert, daß der Bundespräsident in seiner Rolle und mit seinen Zuständigkeiten kein einheitliches, kein rechtlich-politisch harmonisches Bild gibt. Er hat gleichzeitig zu viele und zu wenige Kompetenzen. Die Amtsauffassung kann, völlig legitim, zwischen zwei Extremen schwanken: der Auffassung, die man nach der treibenden Kraft und Persönlichkeit der den Präsi-

denten stärkenden Verfassungsreform 1929 die Seipelsche nennen könnte; und der entgegengesetzten, der die Bundespräsidenten der Zweiten Republik von Renner bis Kirchschläger huldigten. Ignaz Seipel, der Kopf der Christlichsozialen, hätte sich wohl eine Präsidialrepublik unter seiner Führung vorstellen können, in der die Regierung nur formell einem Bundeskanzler unterstanden, tatsächlich aber vom Bundespräsidenten gelenkt worden wäre.

Wir wollen die verfassungsrechtliche Diskussion darüber nicht aufwärmen, wie möglich, wie »systemkonform« eine derartige Präsidentschaft wäre. Wahrscheinlich würde sie, durch sofortige und sich aufschaukelnde Konflikte zwischen Bundespräsident und Parteienmacht, in eine gewaltige Auseinandersetzung münden, in der es keinen Sieger geben könnte, sondern nur Verlierer. Eine rein rechtliche Betrachtung führt nämlich ins Abseits. Das hält auch Welan fest: »Der Gegenpol des Bundespräsidenten liegt nicht in politischen Institutionen, sondern in den politischen Kräften.«

Nur die Kraft einer Großpartei kann das Staatsoberhaupt ins Amt bringen. Ein kurzes Durchdenken der dadurch geschaffenen psychologischen Situation ergibt wirklich nur eine einzige praktische Möglichkeit: Der gewählte Bundespräsident nabelt sich weitgehend von jedem Parteieneinfluß ab – und kann dann immer noch ein eher zurückhaltender oder ein eher aktiver, mit Mahnungen und Appellen arbeitender Präsident sein.

In diese Vorstellung paßt auch, daß er in wohlüberlegten Fällen Ernennungen verweigert oder da und dort gewissen Entwicklungen stärkeren Widerstand entgegensetzt, ohne jemals zu den ihm theoretisch zustehenden Mitteln der Regierungsentlassung oder gar Nationalratsauflösung zu greifen. Gerade bei den ihm zustehenden Ernennungen, wir kommen später darauf zurück, wäre eine wählende, eine wählerische Einflußnahme des Bundespräsidenten vorstellbar.

Man sieht aber, daß das Staatsoberhaupt als »Aktivpräsident« fortwährend in Gefahr wäre, in das Image des Neinsagers hineinzuschlittern. Die berühmte Unterschriftsverweigerung wird daher nur dosiert einzusetzen sein.

Nein, alle Hoffnungen auf den Bundespräsidenten zu konzentrieren heißt diesen und sein Amt überfordern. Er kann, vielleicht soll er auch mit jenen politischen Auffassungen stärker an die Öffentlichkeit

treten, die er in der Bevölkerung verankert weiß; auch mit jenen, die im Grund unumstritten sind, deren Durchführung oder Durchsetzung jedoch Schwierigkeiten bereiten. Darüber hinaus aber liefe der allzu tätige Bundespräsident rasch Gefahr, ein Herd der Unruhe, vielleicht sogar des inneren Unfriedens zu werden.
Vor nichts aber muß sich das Staatsoberhaupt mehr in acht nehmen. Denn die einhellige Meinung nicht nur von Rechtsgelehrten und Politikern ist, der Bundespräsident möge »ruhender Pol« sein. Soll sein: ein starker ruhender Pol. Aber ein ruhender.
Und da auch Kirchschlägers Nachfolger seinem Wesen nach nie ein Anhänger des Placet experiri gewesen ist, wird sein Einfluß auf die Krisenbewältigung aller Voraussicht nach, vorsichtig gesagt, kein negativer sein.

2.3 Bitte nicht zu direkt!

Also keine Präsidialdemokratie, aber eine einschneidend reformierte parlamentarische Republik. Das hört sich wie ein Bekenntnis zur herkömmlichen repräsentativen Demokratie an – und soll es im Grunde auch sein. Gelingt es, ein Wahlrecht mit starken Bezügen zwischen Wählern und Gewählten zu finden, gelingt es, das Wahlrecht von unerträglich gewordenen Parteiinteressen zu befreien, gelingt es in diesem Zusammenhang, die Volksvertreter vom würgenden Zugriff der Parteizentralen und des Klubzwangs zu befreien – dann könnte schon ein tragfähiges Fundament für eine neue Entwicklung gelegt sein.
Jedoch handelt es sich eben nur um das Fundament, vielleicht zuzüglich der tragenden Mauern des neuen Österreich-Gebäudes. Zwischenmauern und Installationen müßten von verschiedenen Arten der direkten Demokratie errichtet und geliefert werden, die eigentliche, dem Wohnen dienliche Einrichtung schließlich wäre von den Inhalten der Politik beizustellen.
Während die Erörterungen rund um Macht und Befugnisse des Bundespräsidenten, ob kurz, ob eingehend, ob konventionell, ob radikal, stets in übersichtlichen, weil von der Bundesverfassung vorgebenenen Bahnen laufen können und niemand im Ernst an die Möglichkeit

einer Großparteien-Einigung über eine diesbezügliche Verfassungsänderung denkt, verhält es sich bei der Diskussion über die direkte Demokratie gegenteilig. Was sie anlangt, ist die bestehende Verfassung, sind die übrigen einschlägigen Gesetze überfordert. Wir stehen da in jedem Fall vor notwendigen Reformen.
So wie die – für jede Reformbewegung im staatlichen Bereich noch immer wichtigen, wenn auch nicht ausschlaggebenden – Ansichten über den Bundespräsidenten in den beiden Großparteien verschieden sind, so auch ihre Beurteilung des Grundsatzes und der Ausformung von direkter Demokratie. Nach sozialistischer Meinung sollte der gewählte Nationalrat und die von der Mehrheit der Volksvertreter unterstützte Regierung eindeutig das politische Sagen haben; nicht aber der Souverän unmittelbar, also das Volk, durch oftmalige direkte Willensäußerungen. In der Volkspartei hingegen existieren sehr maßgebliche, von der herrschenden SP-Lehre stark abweichende Meinungen zugunsten direkter Demokratie.
Gerade in letzterem Punkt sollte man sich freilich nicht verwirren lassen. Wer die Regierungsmacht innehat, wird sich auch dann gegenüber dem direkten, gar ständigen Einfluß des Wählers als Störfaktor stemmen, wenn er dem Parlamentarismus nicht aus historischen Gründen so verpflichtet wäre wie die SPÖ. Anderseits wird es sogar einer uns etwa demnächst ins Haus stehenden großen Koalition nicht leichtfallen, die Bestrebungen nach mehr direkter Demokratie aufs Eis zu legen.
Diese Frage und Forderung auf dem Feuer zu halten ist das unbestrittene Verdienst der grün-alternativen Bewegungen in all ihrer Zerstrittenheit. Und weil wir schon beim Streiten sind: Als unbestreitbar gilt quer durch alle politischen Lager, daß die unmittelbare Bürgermitbestimmung bei örtlichen oder regionalen Großprojekten, die in Landschaft und nachbarschaftliche Interessen grob eingreifen, rechtlich kanalisiert werden muß. Ein Versuch dazu ist schon im Gang. Derzeit hingegen noch unabsehbar, weil allzu umstritten, ist die gleichfalls notwendige Verfassungsänderung, die stark unterstützten Volksbegehren mehr Gewicht im Parlament einräumen und die zugleich das Instrument Volksabstimmung schlagkräftiger machen soll.
Die sozialistische Sperre derartiger Ambitionen wird mit Sicherheit nur bis zu den kommenden Nationalratswahlen aufrechtzuerhalten

sein. Dogmatische und machtpolitische Strömungen stoßen auf die Überlegung, daß Dogmatik nichts nützt, wenn auf längere Sicht Macht abbröckelt. Das aber wäre, auf beide Großparteien bezogen und beide betreffend, der Fall, wenn weiterhin ein Volksbegehren mit vielen hunderttausend, ja weit über einer Million Unterstützungsunterschriften unberücksichtigt bleiben kann.

Nicht einmal ein durchschnittlich begabter Politiker wird annehmen dürfen, daß sich in einem solchen Fall künftig nicht ein einzelner oder mehrere »Sprecher des Volkes« finden würden, die dann ungeheuer populäre, weil durch das Volk schon vielfach bestätigte Anliegen quasi verkörpern könnten. Denkt man gar an bestimmte einflußreiche Massenmedien, die dann ihren Weizen blühen sehen, ermißt man die Säumnisfolgen.

So dumm kann doch Politik nicht sein, daß sie bereitwillig – und das trotz schlimmster praktischer Erfahrungen – der Demagogie Tür und Tor öffnet.

Damit wäre ein in seiner Größenordnung viel gewaltigerer Störfaktor gegeben als im Fall einer »Lästigkeiten« mit sich bringenden Verfassungsreform, durch die das Parlament gezwungen würde, Direktanliegen des Volks inhaltlich zu beachten.

Es soll nun auch für den eiligen Leser nicht so aussehen, als identifizierte ich mich mit den Eigenschaften »störend« und »lästig«, wenn von mehr direkt auszuübenden Volksrechten, von der größeren Wirksamkeit des rasch anzumeldenden Volkswillens die Rede ist. Für den Machtpolitiker – und jeder Spitzenpolitiker muß ein wenig, und nicht zu wenig, von einem solchen haben – ist es lästig und störend, wenn ihm und seinen Intentionen sozusagen von schräg unten hineinregiert wird. Für den klugen Politiker – und jeder Spitzenpolitiker müßte doch ein solcher sein – ist aber klar, daß Politik gegen das Volk langfristig nicht machbar ist, nicht einmal in einer Diktatur. Daher muß sich der gewählte Politiker in nicht zu engen Grenzen der anbrandenden Diskussion stellen; und er wird ihr schließlich auch Rechnung zu tragen haben.

Die Hoffnung geht in die Richtung des vernünftigen Augenmaßes. Falls es nicht verfehlt wird, dürfen wir uns über einen nicht unwichtigen Beitrag zur Krisenbekämpfung freuen. Und wenn wir beifügen, daß dieser Beitrag ein überwiegend psychologisch wirkender sein wird, dann verstehe man auch das nicht falsch: Psychologisch zugkräftig könnte niemals sein, was allgemein als Alibi und Augenauswischerei erkannt und gebrandmarkt würde.

2.4 Zwischen Schlagwort und Leben

Sehr praktische, sehr lebensnahe Erwägungen zur Handhabung von Demokratie laufen Gefahr, leer zu wirken, wenn sie kurz zusammengefaßt werden müssen. Lang ausgesponnen werden sie übrigens sehr rasch fad. Anderseits können überwiegend theoretisch erscheinende Darlegungen ermüden, wiewohl sie an die Wurzeln unseres geordneten Zusammenlebens gehen. Einigen wir uns, wenn es nun um Demokratisierung und um den Mißbrauch dieses Begriffs geht, auf eine gerafft-plakative Fassung; und einigen wir uns gleichzeitig auf den Vorbehalt, daß alle vermeintlichen Einseitigkeiten, die jetzt folgen, nur im Zusammenhang der ganzen vorliegenden Zustands- und Aussichtsschilderung Österreichs verstanden werden dürfen.
Die Kreisky-sozialistische Aufforderung zur »Durchflutung aller Lebensbereiche mit Demokratie« kann man rückblickend als politische Abart der Aktivierung des Sankt-Florian-Prinzips begreifen. Die Forderung beschäftigte, nur zu einem Teil vernünftigerweise, durch viele Jahre hindurch und auch noch heute als Mitbestimmungsdiskussion die Arbeits- und die Schulwelt, als Emanzipationsdiskussion die Frauen und die Familien, als Liberalisierungsdiskussion die Strafgesetzgebung und die Justiz, als Mediendiskussion den ORF.
Diese vielartige Beschäftigung lenkte von Schwierigkeiten aller Art ab, die im engeren Regierungsbezirk blühten. Dort wurde natürlich nicht demokratisiert, auch nicht in den Interessenvertretungen, auch nicht in den Parteien. Eher im Gegenteil. Aber es brannte ja beim bösen Nachbarn, und da sollte einer kommen und allzu rasch zu löschen versuchen!
Demokratisierung ist eine ewige Forderung, denn sie kann, edel klingend, auch dann noch erhoben werden, wenn im speziellen Fall jede Vernunftgrenze an Mitsprache aller und jedes bereits gesprengt ist. Sie ist die Speerspitze der Gleichheitsforderung, die in Wahrheit immer eine Forderung nach »Gleichmachen« darstellt.

»Demokratie verlangt, daß keine Elite sich fixiert«, hat Karl Jaspers erkannt. Im weiten Feld der Politik und unter stereotypen Rufen nach mehr Demokratie ist während der langen sozialistischen Regierungszeit in Österreich das Gegenteil eingetreten. Eine Oberschicht versteinerte; nicht so arg wie im Osten, aber ärger als im Westen. Privilegienmißbrauch verstärkte sich; nicht so arg wie etwa in der Sowjetunion, aber in einer etwa für die Vereinigten Staaten unvorstellbaren Weise.

Versteinerte »Eliten« nützten Privilegien, um den natürlichen Elitenwechsel zu hintertreiben, der in der Demokratie als notwendig erachtet wird.

Ich behaupte nicht, daß nichtsozialistische Parteien, zum Beispiel die Volkspartei, vor solchen verhängnisvollen Neigungen gefeit sind. Nur ist die Praxis bei einer Partei, die Demokratie und Gleichheit für sich gepachtet zu haben scheint, besonders ins Auge springend.

Es wird zur unmittelbaren Vergangenheitsbewältigung in der österreichischen Politik gut sein, Schlagworte zu entlarven, die als Zuhälter prolongierter Macht gedient haben und noch dienen sollen. Demokratie darf kein Fetisch werden. Der Staat darf nicht Mittel zum Zweck Demokratie sein. Es ist, man erinnere sich, umgekehrt.

Das allerschlimmste aber, wessen Bruno Kreisky und seine Nachfolger anzuklagen sind, ist die durch ihre Demokratiestrategien bewirkte Minderachtung des demokratischen Prinzips. Es vollzog sich der klassisch-marxistische Umschlag der Quantität in die Qualität. Während »Demokratie« für die fortschrittsgläubigere Hälfte Österreichs zum, wir sagten es soeben, Fetisch zu werden droht, wird sie für die andere Hälfte zur Lästigkeit, zum Überdruß.

Womit uns nur zu sagen bleibt: Demokratie darf nicht so zuschanden gedrillt werden, daß sie am Ende ihres Exerzierfelds leblos liegenbleibt. Demokratie muß somit vor ihren Protagonisten in Schutz genommen werden. Mit dieser Grunderkenntnis zieht man sich, das sei auch hier zugegeben, aus keiner Krise. Nur: Mit gedankenlosem Weitertrotten auf ausgetretenen Wegen schon gar nicht.

3. Die Parteienfrage: Mit den alten oder mit neuen Parteien?

3.1 Die Monster

Parteien sind im Bundes-Verfassungsgesetz 1920, also in unserem heute gültigen Grundgerüst der Verfassung, nicht vorgesehen. Als bloße »wahlwerbende Gruppen« stehen sie an der demokratischen Pforte zum Staat. Daß sie mittlerweile eingedrungen sind, ist natürlich, ja, alles andere wäre grotesk und gekünstelt. Es ist nicht die Tatsache, daß Parteien als Brutnester der Politik und ihrer Richtungen im demokratischen Staat und daher auch in Österreich ihre unabdingbar-unersetzliche Rolle spielen, die stutzig macht. Sondern es ist der Umfang, die Allbeanspruchung des öffentlichen Wesens und Wirkens durch die Parteien, und es ist der nachweislich getriebene Mißbrauch des Staates durch die Parteien, was uns so verstört.

Das ist nicht originell. Parteien werden in der Demokratie gebraucht – und dann verflucht. Sie erst garantieren den notwendigen Pluralismus der Meinungen, der politischen Ideen, der Wahlmöglichkeiten für den Staatsbürger. Zugleich haben zwei dieser Parteien im Österreich der Zweiten Republik eine übermächtige Stellung erlangt und sind zur Inkarnation dessen geworden, wogegen sich die Bürgerabneigung heute richtet.

Der Jammer, der anfangs keiner war, braucht hier nicht wiederaufgeführt zu werden. Das Wissen – oder doch das Ahnen – um die Verdienste der Großparteien ÖVP und SPÖ, um die Verdienste ihrer großen Persönlichkeiten in den Jahren nach 1945 sind noch durchaus wach. Die Parteien haben übrigens zuletzt beim Republikjubiläum 1985 in ungezählten Veranstaltungen und vielen schönen Büchern auch für die Verbreitung ihrer eigenen Heldensagen gesorgt.

Wer nachlesen will, nehme aber lieber Karl Pisas liebevoll-ironisches Büchlein »Österreich – Land der begrenzten Unmöglichkeiten« zur Hand, in dem Blüte und Verfall des Parteienwesens in den vergangenen Jahrzehnten unnachahmlich geschildert sind.

Die teilweise noch immer recht seetüchtigen, von den gestrandeten

schweren Kreuzern ÖVP/SPÖ rechtzeitig zu Wasser gelassenen schwarzen und roten Rettungsboote sind noch immer Objekte übermäßigen Staunens bei politisch interessierten Gästen aus dem Ausland: die teils strenger, teils vager parteiorientierten Vereine, die zur Rechten wie zur Linken die Autofahrer, die Sportler, die Akademiker, die Mieter, die Bergsteiger, die Angler, die Pensionisten (und so fort) erfassen und betreuen. Diese Vereinigungen sind größtenteils in recht munterer Verfassung. Ihr Übergewicht gegenüber unabhängigen Zusammenschlüssen mit ähnlichen Zielen resultiert aus den für sie im Bedarfsfall stets verläßlich sprudelnden Subventionen.
Der Nowak läßt sie nicht verkommen. Oder, unverhohlen gesagt: Die Parteien wissen schon, warum sie ihren Vorfeldorganisationen jene Steuermillionen zukommen lassen oder ließen oder geldwerte Privilegien einräumen, die den rötlichen oder schwärzlichen Gebilden den entscheidenden Vorsprung vor der Konkurrenz verschaffen oder verschafften. Daß sich einzelne dieser Vereine, wie die Autofahrerorganisationen, zu überdimensionalen selbsttragenden Wirtschaftskörpern ausgewachsen haben, tut der Regel keinen Abbruch.
Soweit also die Fühler, Fangarme und Saugnäpfe, welche die Parteikörper ins gesellschaftliche und private Leben der Österreicher hineinstrecken. Angesaugt werden, der Gründerintention nach, zunächst Parteimitglieder, in der Folge dann Wählerstimmen. In Österreich hat vermutlich öfter das Parteibuch zum entsprechenden Wahlverhalten geführt als umgekehrt.
Das Phänomen Parteibuch: Es öffnete oder ebnete vor zwanzig, vor dreißig Jahren viel sicherer und öfter als heute den Weg zur Wohnung, zum Posten, vereinzelt zur Karriere. Die Aufregung, ja die Abscheu vor dem Parteibuch und vor dem, was es an Ungerechtigkeit und Privilegien symbolisiert, ist heute hingegen deutlich größer als früher. Das ist von der Meinungsforschung abgesegnet, und es ist die erste Ermunterung im dornenvollen Kapitel über die rotweißrote Welt der Parteien: Die Empfindlichkeit der Menschen läßt das ungestörte Weitervegetieren der Auswüchse unseres Systems nicht mehr zu. In ähnlicher Weise ist die allgemeine Entschlossenheit gewachsen, sich die im Dunstkreis der Großparteien ereignenden, für den Staat kostspieligen und für Österreichs Ruf zerstörerischen Skandale nicht mehr als naturgegeben bieten zu lassen.

In der Folge trocknet nun die eigentliche Nährflüssigkeit der Parteien, die Stammwählerschaft, aus. Auf sie war alle zum Teil so anrüchige Hege und Pflege gerichtet. Im Jahr 1954 kamen 81 Prozent der VP- und 82 Prozent der SP-Wählerstimmen vom jeweiligen Parteistamm. Die Stimmbürger dieser »Stämme« konnten sich nicht vorstellen, jemals etwas anderes zu wählen als, right or wrong, ihre Partei. 1984 waren diese Blöcke auf 53 und 58 Prozent zusammengeschmolzen.
Seither hat sich die Schmelze beschleunigt fortgesetzt. Vor allem das Feuerl unter dem Stimmenpaket der Sozialisten hat sich ausgewachsen. Im Mai 1986 erklärte Fessel-Institut-Chef Rudolf Bretschneider, die Stammwählerschaften seien seines Erachtens im Durchschnitt nunmehr »deutlich unter 50 Prozent« gesunken. Die wechselbereiten Wähler hätten damit bereits die Mehrheit, denn die tradierte, aus Kampfgemeinschaften herkommende Bindung zu einer Partei sterbe ab.
Dennoch stehen die Parteikolosse, äußerlich gesehen, da wie einst in ihrem Frühling. Ihre Macht nimmt nicht im selben Rhythmus ab wie ihre innere Legitimation, also die den großen Parteien gezollte regelmäßige Zustimmung der Bevölkerung. Es sind Kolosse auf tönernen Füßen geworden, aber bisher Kolosse geblieben. Die Nährflüssigkeit, die ihnen die weniger und weniger werdenden Stammwählerschaften verweigern, wird allerdings durch immer reichlicher fließende Zuwendungen aus dem Staatssäckel kompensiert.
Eine teuflische Entwicklung. Wenn sich die Parteien im Parlament und in den Landtagen zusammentun, und ihr ewiger Gelddurst zwingt sie dazu, können sie sich durch einfachen Gesetzesbeschluß unter den phantasievollsten Namen und Titeln (für die Klub-, für die Öffentlichkeits-, für die Bildungsarbeit) in Bund und Ländern ganz regulär Steuermittel aus den Budgets verschaffen. Sie tun es ständig, unverschämt und stillschweigend. Warum schlagen die Medien nicht Alarm, warum wird darüber relativ schaumgebremst und mit nur von aufmerksamen, wissenden Beobachtern bemerkten »innerem Wutschaum« berichtet? Weil auch sie, die Zeitungen und Zeitschriften, aus Steuermitteln subventioniert werden, und das noch dazu, nach einer wahrlich ans Infame grenzenden Erfindung Bruno Kreiskys, in einem ursprünglich ähnlichen oder doch verwandten Umfang wie die Parlamentsparteien.

Das geht bis zur sarkastischen Komplizenschaft. Wie könnte man grundsätzlich dagegen sein, wenn die Parteien finanziell unterstützt werden, um ihre demokratischen Aufgaben erledigen zu können und von verdächtigen Spendern unabhängiger zu sein? Und wie könnte wer etwas dagegen haben, wenn den Zeitungen von Staats wegen geholfen wird, auf daß sie in zuträglicher Vielfalt sich erhalten können? Wer könnte schließlich, darf man sanft hinzufügen, übersehen, daß der Österreichische Rundfunk, mangels Gebührenautonomie, eng am Gängelband abermals derselben Parteien geführt wird?
Zwei Hoffnungen leiten aus diesem Sumpfgelände zu einer freundlicheren Zukunftsaussicht. Erstens spüren die Leute, spüren die Österreicher sehr wohl, daß gerade in der längst nicht mehr begründeten Monstrosität der Parteiapparate und der von diesen angemaßten Tätigkeiten und Aufgaben der Todeskeim fürs Koloßhafte schon drinnensteckt. Die Menschen reagieren mit immer härteren Urteilen über die Parteien, deren Geldbeschaffungspraktiken und sonstigen Auswüchse.
Im Frühjahr 1986 ergab eine IMAS-Umfrage, daß schon annähernd jeder zweite Österreicher als größten Übelstand im Inland »die versteckte Parteienfinanzierung« nennt. Darunter sind klarerweise nicht nur heimliche Zuwendungen jener zu verstehen, die sich solcherart illegale Gegenleistungen von Machthabern erwarten, sondern auch die erwähnte verschwiegene Tour, auf die sich Parteien aus der Staatskasse bedienen.
Zweitens merken erfreulicherweise führende Politiker in beiden Großparteien, daß die Aufblähung der Apparate und Aufgabenkataloge zum Platzen der Saurier, zur Neubildung von nicht unbedingt zeitgemäßeren, sondern nur den Allgemeinprotest artikulierenden parteiähnlichen Gruppierungen führen muß. Erhard Busek hat es deutlich ausgesprochen, wenn auch unter Zuhilfenahme des Begriffs Politik statt Partei: Deren vernünftige Selbstbeschränkung sei »eines der brennendsten Themen der nächsten Jahre«. Die Politik (und mit ihr wohl die Parteien) möge sich selbst begrenzen und festlegen und Erziehung, Religion, Wissenschaft, Kunst, Familie, Sport und dergleichen der Privatautonomie des einzelnen überlassen.
Auch in der SPÖ regen sich Stimmen, die es dort allerdings aus dem umfassenderen Selbstverständnis dieser Partei als Bringer und Vor-

kämpfer des Allgemeinwohls schwerer haben. Die Kritik ist bei unabhängigen sozialistischen Denkern wie Egon Matzner deutlicher artikuliert als bei Systemträgern wie Heinz Fischer. Nur, daß diese Selbstkritik nun auch bei den Sozialisten nicht mehr zu überhören oder zu überlesen ist.
Letztlich darf man noch immer auf den Selbsterhaltungstrieb vertrauen: Parteien ohne Unterstützung im Volk sterben ab oder brechen in sich zusammen. Die klügeren Parteipolitiker haben auch erkannt, daß das notwendige Gesundschrumpfen – die Trendwende in diese Richtung dürfte bevorstehen – nur eine Flurbereinigung darstellt, nicht aber das Entgleiten von richtig verstandenem politischem Einfluß.

3.2 Verfunktioniert

Im zeitlichen Gleichklang mit dem Zurückstecken der Grenzpfähle in der Parteienlandschaft müßte das Problem durchdacht werden, wie Österreich zu besser qualifizierten Politikern kommen könnte. Die Forderung mag für alle Berufe gelten, vordringlich auch für den journalistischen. Aber Ehre, wem Ehre zukommt: Vorrang gebührt jenen, die einem ganzen Land durch falsche oder gar keine Entscheidungen Nachteile einbrocken, durch kluge Beschlüsse aber Gutes tun können.
Phrasendrescherei? Selbstverständlichkeiten? Was möchte Herr Obergescheit denn vorschlagen?
Es gibt keinen anderen Weg als den der sorgfältigeren Auslese. In einer Demokratie geschieht dies in erster Linie durch Wahlen, in zweiter Linie durch Ernennungen, die ein Gewählter vornimmt und zu verantworten hat. Somit sind wir bei einer weniger und einer mehr originellen Forderung; beide sind in früheren Kapiteln schon angeklungen.
Was lange zurückgestaut wird, gewinnt an Kraft. Das gilt für die immer lauter und groteskerweise auch von den besten Politikern in den etablierten Parteien erhobenen Ruf nach einem persönlichkeitsbezogenen Wahlrecht. Der Rückstau dieses elementaren Rechts in einem demokratischen Rechtsstaat ist schlechthin unglaublich, aber trotz-

dem erklärbar: Parteien mit absoluter Mehrheit, wie bei uns von 1966 bis 1983 (mit Übergangsausnahme 1970/71) vorhanden, können, solange sie einer Spitzenpersönlichkeit und deren Magnetismus vertrauen, an einer durch intensive Bindung zwischen Wählern und Gewählten gestärkten Mittelschicht von Mandataren nicht interessiert sein. Ein noch feindseligeres Desinteresse an einem Wahlsystem, das durchschlagskräftigere, qualifiziertere, selbständigere Kandidaten bevorzugt, glaubt eine kleine Partei wie die FPÖ haben zu müssen; denn sie argwöhnt, daß ein solches Wahlrecht nur in Verbindung mit der Einrichtung kleiner Wahlkreise möglich ist und dadurch die Kandidaten der großen Parteien automatisch bevorzugt. Daher hat die FPÖ seit 1983 jede Reform blockiert, und ihr Koalitionspartner hat dies geschehen lassen.
Alle Anzeichen deuten jedoch darauf hin, daß die Kräfteverhältnisse und ihr Zusammenspiel in der kommenden Gesetzgebungsperiode solche sein werden, die der Wahlreform zuträglich sind. Es ist ja schon nahezu lächerlich: Die überwältigende Mehrheit der Wähler fordert ein ihr vorenthaltenes demokratisches Urrecht, fordert »Demokratisierung« dort, wo sie wirklich stattfinden müßte. Das Erfordernis – bessere Politikerauswahl, weniger Politikverdrossenheit – liegt drängend vor. Aber die Apparatelenker verstanden es bisher, ihre Selektionsmacht in den Kandidatenlisten durchzusetzen.
Nun weiß jeder politisch nicht ganz dumpfe Kopf, daß nicht nur ein starker Einfluß der Partei auf »ihren« Mandatar, sondern auch eine engere Bindung zwischen Wähler und »seinem« Vertreter im Parlament bedenkliche Folgen haben kann. Zumindest die Willensbildung in den Fraktionen wird im letzteren Fall erschwert. Pressure groups könnten mehr Macht als bisher entfalten, die Stellung der Parteiführer wird tendenziell schwächer.
Doch wägen wir ab: Hier der bisherige Trott, die verfunktionierten Fraktionen, die in ihrer Mehrheit zu schwachen, zu wenig Eigenwillen entfaltenden Mandatare, die undemokratisch-zentrale Lenkung von oben her; dort die stärkeren Persönlichkeiten mit ihrem zweifellos reformfreudigeren Einfluß auf die Politik – mit kontrollierbaren, auf der Hand liegenden mittelgroßen Nachteilen.
Die Wahl kann, glaube ich, nicht schwerfallen. Man wird angesichts des Bisherigen für das demokratische Experiment sein müssen.

Ein die Reform nicht unbedingt hemmender, aber ihren Erfolg bezweifelnder Einwand gegen ein nicht nur alibihaft, sondern eindeutig persönlichkeitsbezogeneres Wahlrecht richtet sich dagegen, von 183 demokratisch ausgewählten Abgeordneten zum Nationalrat ein Wunder, ja geradezu das Heil zu erwarten. Denn in den Gemeinderäten, auch in den Landtagen sitzt ja, aus den natürlichen Gründen der überschaubaren Einheiten, bereits der wähler- und damit volksnähere Kandidat.

Das ist nicht falsch. Das Gewicht des Nationalrats aber kann in einem Staat, der so organisiert ist wie Österreich, schwerlich überschätzt werden. Die heutige Geringschätzung beruht auf den Entgleisungen einer entarteten Praxis: Das Parlament wird von Funktionären dominiert, die ihr Gewicht aus der Partei und durch die Partei gewinnen und damit Parteigewicht sind.

Zwar testen Parteien ihre Vertreter von unten herauf, von der Gemeinde über das Land, und entsenden sie schließlich ins Parlament. Doch vergessen wir nicht, wie sehr die Parteien Gehorsam und Disziplin ihrer Funktionäre zu brauchen glauben und diese Eigenschaften den Vertrauensleuten also im Verlauf des Ausleseprozesses anerziehen. Und wie oft ist ein Funktionär erst dann gehorsam und diszipliniert, wenn er, auf einer für ihn zu hohen Sprosse der Stufenleiter angelangt, entweder überfordert ist; oder wenn ihm von der Parteihierarchie auf andere Weise das Rückgrat gebrochen wurde. Diese unschöne Methode der Domestizierung ist heute, da immer mehr Nurpolitiker im Nationalrat sitzen, leichter möglich als vor zwanzig oder dreißig Jahren.

Schließlich würde aber allein das psychologische Moment der Mitsprache in unser aller, nämlich in der öffentlichen Angelegenheit der hohen Politik, mithelfen, die notwendige Bewegung in die krisenhafte Erstarrung der Republik zu bringen. Diese Mitsprache kann durch die Bürgerbeteiligung, die Einbeziehung der Betroffenen und ihrer Meinung bei der Erstellung und Beurteilung öffentlicher Großprojekte nicht ersetzt werden; umgekehrt freilich auch nicht.

Nun werden politische Funktionäre oder solche, die im hochpolitischen Umfeld wirken, bekanntlich nicht nur gewählt, sondern auch ernannt, zumal vom Bundespräsidenten. Ein aktiveres Staatsoberhaupt könnte hier wirksam Einfluß üben. Die Idee fußt, wie sich versteht, auf der Vorstellung eines in seinem Amt durch direkte Volkswahl stark legitimierten, aber von jedem bestimmenden Parteieneinfluß abgekoppelten Bundespräsidenten. Als Vertrauensmann des Volkes könnte er bei politischen Ernennungen, die vom Staatssekretär bis zum Gerichtspräsidenten, vom hohen Offizier bis zum Leitenden Staatsanwalt, vom Botschafter bis zum Chef im staatlichen Monopolbetrieb reichen, sich ein stärkeres Mitspracherecht als bisher herausnehmen.

Er würde die leise Verunsicherung, die durch das Ungewohnte entstünde, sorgfältig abzuwägen haben gegenüber dem Nutzen, den er in sicherlich nur wenigen Fällen durch direktes Eingreifen, also durch Ernennungsverweigerung, in weiterer Folge aber durch das latente Vorhandensein seiner Bereitschaft zu einer solch aktiven Mitsprache erzielen könnte. Voraussetzung wären natürlich ein durch viele Gespräche gewonnener Überblick des Bundespräsidenten über die Bewerber für neuralgische Stellen – und die selbstverständliche Bereitschaft des Staatsoberhaupts, sich in der Folge von der Versuchung fernzuhalten, durch Einflußnahme auf Ernannte politisch weiterwirken zu wollen. Ein heikler Vorschlag. Mir ist auch nicht entgangen, daß damit nur im kleineren Umfang (bessere) Politiker an bestimmte Schalthebel gelangen könnten, im größeren Umfang jedoch (bessere) politische Beamte oder einfach Staatsfunktionäre. Dazu aber eines: Nicht nur ist heute die Durchlässigkeit schon gegeben zwischen dem Stand der Politiker im engeren Sinn und dem Stand der sonstigen Funktionäre im Bereich öffentlicher Aufgabenerfüllung. Ich nehme darüber hinaus an, daß künftig, bei einem anzustrebenden verminderten Parteieneinfluß, die Punzierung als Politiker sogar weniger diskriminierend sein wird als heute.

Das ist noch Vision. Das geht auch nur Hand in Hand mit strikter Vermeidung von Multifunktionen. Damit ähnelt diese Zukunftssicht, ich gebe es zu, ein wenig der Perspektive, die in einiger zeitlichen Ferne den Eisernen Vorhang zwischen Arbeit und Freizeit sich heben sieht, ohne ein schlampiges Ineinander der beiden heute einander so feindlichen Welten zu befürworten.

Aber wollen wir nicht aus den jetzigen Gegebenheiten und aus den Scheindogmen des täglich-politischen Lebens endlich herausfinden? In diesem Sinn sollte man auch die zugespitzte Frage »Berufs- oder

Amateurpolitiker?« in dieser Form gar nicht mehr zulassen. Amateure dürften in der Politik ohnedies nichts zu suchen haben, einige lebenslange Nurpolitiker wird man immer brauchen. Zwischen den Extremen aber findet sich doch auch heute schon die Mehrzahl der Spitzenpolitiker: weniger Bauern und Lehrer als früher, mehr Freiberufler, sogar Selbständige und Manager. Freilich, in der Masse, viel zuviele Nur-Kammerfunktionäre, Beamte, Nur-Gewerkschafter.
Ich bin zuversichtlich, daß gerade unter diesen »viel zuvielen« zunächst einmal das Persönlichkeitswahlrecht aufräumen würde.

3.3 Aufbruch oder Aufbrechen?

Was eigentlich geschieht mit jenen Leuten in den Parteien, die nicht im selbstverständlichen Trott verharren oder im Gleichschritt mit der Parteiführung marschieren? Die im Rahmen und unter Bejahung ihrer Gesinnungsgemeinschaft selbstständig denken, selbständig Fehler aufspüren, selbständig an die Beseitigung dieser Fehler gehen wollen?
Entweder werden, in der obersten Befähigungsetage, aus solchen Leuten die Parteidenker, auch Vordenker genannt. Sie schreiben in Parteizeitschriften, auch kritisch, und werden geehrt, wenn ihren Ansichten auch selten gefolgt wird. Von ihnen spalten sich die unorthodoxen Parteidenker ab. Sie stehen schon ein Stücklein außerhalb der Bewegung, sind auch geehrt, weil es dazu keine wirkliche Alternative gibt, und schreiben Bücher.
In der weniger hohen, weniger theoretischen Etage geht es den selbständig sein Wollenden schlimm, wenn sie nicht nur selbständig denken (und dann schweigen), sondern auch auf eigene Faust Fehlentwicklungen aufhalten wollen. Sind sie, aus der Sicht der Parteiführung, vom »Gebrauchswert« her nur Funktionärsdurchschnitt, dann werden sie ohne Umschweife zur Rede und, falls sie starrköpfig sind, kaltgestellt. Sind sie hingegen besonders tüchtig, und nachwachsende Tüchtige sind in den Parteien nicht dicht gesät, dann beginnt man sie zu bearbeiten, versucht, sie von der Notwendigkeit des Gleichschritts zu überzeugen und mit ihren Ambitionen auf später zu vertrösten.
Gelingt dies nicht, versucht die Partei die Zeit arbeiten zu lassen; die

Kritiker vereinsamen zunächst, sie merken, daß ihnen das Außenseitertum innerhalb der Gesinnungsgemeinschaft droht. Bleiben sie trotzdem eigenwillig, so tritt Isolation ein. Keine Förderung, keine Karriere; man (frau) stirbt in der Funktionärshierarchie langsam ab, wenn er (sie) sich nicht eines anderen besinnt.
Manchmal, wenn auch selten, schert ein Politiker aus, der bereits eine höhere, ja hohe Position innehat. Er übt immer häufiger und lauter Kritik, sündigt, indem er nicht nur in den Parteigremien diskutiert, und wird zum schweren Problem. In letzter Zeit konnten zwei derartige Fälle in den österreichischen Großparteien studiert werden; es handelte sich um zwei Frauen, nämlich um Ottilie Matysek und Marga Hubinek. Man weiß, wie unterschiedlich die »Fälle« geendet haben.
Im Fall Matysek, die immerhin Klubobfrau der Sozialisten im burgenländischen Landtag war, mündete das Aufmucken für sie im politischen Nichts. Sie wurde, als jedes gütliche Zureden sich als vergeblich erwiesen hatte, teils systematisch diffamiert, teils mit Enthüllungen über »Verfehlungen« fertiggemacht. Die Enthüllungen waren deshalb besonders häßlich, weil die Partei über Matysek verlauten ließ, was sie, die SPÖ, über die Hauptgegner der Politikerin und deren Verfehlungen geheimhielt oder abstritt. Gleichviel: Die Burgenländerin hatte keine Chance. Sie ist politisch tot und in ihrer persönlichen Ehre heute mehr als nur verletzt.
Im Fall Hubinek lief alles anders, nicht nur, aber auch, weil sie eine Politikerin der ÖVP und dort eine doch etwas lässigere Auffassung von Parteigehorsam Tradition ist. Marga Hubinek war 1984 bereits mehr als nur ein Sorgenkind der Volkspartei. Ihre immer kompromißloser gewordene Grün-Einstellung, die sie, im Gegensatz zum ähnlich denkenden Erhard Busek, in parteipolitisch unkluger Weise wieder und wieder äußerte, brachte Parteiobmann Alois Mock in immer größere Verzweiflung und Hubinek an den Rand der totalen Isolation in der Partei – und dies unterlief jemandem, der im Rang eines stellvertretenden Bundesparteiobmanns stand und steht!
In letzter Stunde scheinen einige zusammentreffende Faktoren die Entzweiung verhindert zu haben: die Aufputschung durch Hainburg, die es der ÖVP aus Parteiräson unmöglich machte, eine deklarierte Grüne öffentlich zur Ordnung zu rufen oder gar hierarchisch zu de-

gradieren; besänftigendes Einwirken Buseks; angeborene Friedfertigkeit Mocks; später die Aussicht und dann, durch den plötzlich-tragischen Tod Roland Minkowitschs, die konkrete Chance, Marga Hubinek auf den repräsentativen Posten eines Zweiten Nationalratspräsidenten zu hieven. Daß die mutig-eigensinnige Politikerin dort politisch lebendiger ist, als viele hofften, steht auf einem anderen Blatt.
Ich habe dem Außenseitertum und seinem Schicksal in den Parteien deshalb, theoretisch und praktisch, einigen Platz eingeräumt, um nicht bei einem in der österreichischen Politik weniger bewanderten Leser den Eindruck zu erwecken, in den als Gesamtkörper so erstarrten Großparteien lebe nichts mehr. Es lebt dort sogar sehr viel. Nur wird es in der Regel, und nach Stufenplan, entweder unterdrückt, oder man versucht unentwegt, dieses Leben im Sinne und zum Nutzen der Partei zurechtzustutzen.
Wirkliche Bewegung aber wird nur von oben verordnet. Und daran muß und wird, wenn sich das nicht ändert, die jetzige österreichische Parteienwelt den entscheidenden »Herzfehler« holen und in weiterer Folge, wenn sie's weiter so treibt wie bisher, zugrunde gehen. Ohne Einkehr und Reformwillen muß man eine solche letale Entwicklung als durchaus wünschenswert bezeichnen, falls sich inzwischen tauglicher Ersatz angeboten hat.
Wir haben zufällig soeben, im Mai 1986, eine dramatische, ausschließlich von oben befohlene »Bewegung« im Sinne einer Kehrtwendung zu bisheriger Politik (oder doch zur langjährigen Sprachregelung) miterlebt. Das einfache SPÖ-Parteimitglied, den kleinen Funktionär traf das Eingeständnis des Parteivorsitzenden Sinowatz wie ein Keulenschlag, die SPÖ gebe Fehlverhalten von Spitzenfunktionären, Schuld oder doch Mitschuld an Skandalen und Privilegien, gebe Übermut und Bürgerferne zu, es seien Nachlässigkeiten vorgekommen, Reformen müßten nun sein.
Soweit es ging, habe ich mich sofort gegen die außerhalb des sozialistischen Lagers laut werdende Neigung gestemmt, über dieses Schuldbekenntnis den Hohn kübelweise auszuschütten. Einsicht und deklarierter Wille zur Besserung sind, solange nicht der Beweis eines Täuschungsmanövers vorliegt, günstig zu bewerten. Doch ändert dies nichts daran, daß der offensichtliche Anlaß – das für die SPÖ so niederschmetternde Wahlergebnis vom 4. Mai – den Schluß nahelegt,

die Parteispitze habe nicht aus Selbst-, sondern aus Fremderkenntnis gehandelt, und obendrein könnte die zur Schau getragene Zerknirschung tatsächlich ein vorwiegend taktisches Ziel haben: nämlich die Mobilmachung für den 8. Juni zu einer totalen zu machen.

Obwohl das Schuldbekenntnis des Parteichefs vom 12. Mai in der Wiener Stadthalle eine exemplarische Kehrtwendung gegenüber dem bis dahin gepflogenen Wegleugnen jeder herberen Kritik an der SPÖ und ihrer Politik darstellt, könnte es aus einem einfachen Grund dennoch in die bloße Tagespolitik zurückverbannt werden: Die Wendung – nehmen wir die sensationelle Wortmeldung als substantiell, nicht als Seifenblase – betraf keinen Grundsatz der SPÖ, keinen Punkt in der konkreten Sachpolitik, sie kündigte nicht einmal einen Personenwechsel in höheren Parteirängen an.

Grundsätzliche Beachtung verdient daher das Sinowatz-Peccavi (»Wähler, ich habe gesündigt!«) nur wegen der erwähnten ausschließlich Auslösung und Steuerung von oben. Seit Jahren häufen sich die Unmuts- und Unwillensäußerungen Tausender sozialistischer Funktionäre bei den Bezirks-, den Landesorganisationen und in der Bundeszentrale der Partei. Wenig bis nichts wurde bewirkt, die Reaktion von oben erschöpfte sich in Beschwichtigung und in einigen sorgenvollen Beratungen, bei denen man wieder unter sich blieb.

Der Selbsterkenntnis mußte durch ein machtbedrohendes Votum des Wählers nachgeholfen werden. Daraufhin erst entschloß man sich in der SPÖ-Spitze zum Paukenschlag. Die Parteidemokratie hatte überhaupt nicht funktioniert, weil sie offenbar, nicht nur in der SPÖ, miserabel entwickelt ist. Hingegen spielte die oft verächtlich abgetane »große Demokratie« in Form der Denkzettelwahl ihre Rolle ausgezeichnet und wirksam. Aus Existenzgründen beschloß die Parteispitze binnen einer Woche, sich bewegt zu zeigen.

Anton Kofler hat kürzlich in einer Studie darauf aufmerksam gemacht, daß sich beide Großparteien um die Beantwortung von drei zentralen Fragen drücken: Warum brauchen wir Mitglieder? Welche Zielgruppen sprechen wir vordringlich an? Benötigen wir nur aktive Mitglieder oder reichen auch reine Beitragszahler? Wie das sozialistische Stadthallenereignis, verglichen mit dem ihm vorausgegangenen jahrelangen Nichtereignis, gezeigt hat, unterbleiben die Antworten aus gutem, das heißt schlechtem Grund: Es wird von oben regiert,

ohne viel demokratischen Federlesens. Ist schon die Regierung des Staates kompliziert genug, weil vom Volk stets dreingeredet wird, so sollen wenigstens in der Partei die demokratischen Schwierigkeiten eingegrenzt bleiben.
Zumindest so lange, als die praktizierte Oligarchie nicht an die Substanz der Partei geht.
Nun soll niemand glauben, es stünde um das innere demokratische Verständnis der Volkspartei so viel besser. Großangelegte Mitgliederbefragungen, pompös ins Leben gerufen, versickerten und blieben unwiederholt; wuchtig ausgetrommelte Vorwahlen erwiesen sich, wie man hört, als »unzweckmäßig«; die unentwegt wiederholte Parole der Parteiführung, eine »politische Wende« in fast jeder Hinsicht sei angesagt und angezeigt, wird von derart vielen kleinen Mitträgern der ÖVP mißbilligt, daß über diesen Punkt niemals eine Urabstimmung unter den Parteimitgliedern gewagt werden könnte.
Wenn nun aber schon in den Mitgliedschaften der Großparteien (der ÖVP werden etwa 770 000 Mitglieder zugeschrieben, der SPÖ rund 700 000) Verdrossenheit herrscht, weil auf ihr Wünschen und Wollen kaum Rücksicht genommen wird, wie sehr steckt der Verdruß erst im Wähler und Stimmbürger? 55 Prozent meinen nach einer Untersuchung der Paul-Lazarsfeld-Gesellschaft 1981, der Einfluß der Wähler auf die Politik sei gering. Das ist ein alarmierendes Urteil des sogenannten »Souveräns«.
Bei den Untersuchungen über das Warum der verdrossenen Abwendung vertraue ich den überreichlich vorhandenen Umfrageergebnissen weniger als der Analyse eines gescheiten Kopfes, nämlich des Politologen und Philosophen Norbert Leser. Der eigenwillige sozialdemokratische Gelehrte beklagte schon im Dezember 1984, an seine Partei gewandt, daß mit zwei Zungen geredet werde: die eine diene der Beruhigung der Wähler, die andere der Beruhigung der innerparteilichen Minderheit, die auf »volle Einlösung sozialistischer Grundsätze« dränge. Die tiefere Wurzel des Dilemmas sieht Leser darin, daß die Großparteien konvergieren, sich also politisch aufeinander zu bewegen, das aber weder zugeben wollen noch ihre geschriebenen Grundsätze dieser Bewegung anpassen.
Man könnte ergänzend sogar meinen: Aus der einfachen Verlogenheit wird eine doppelte, da in Erklärungen und Reden (siehe die

Wende-Parole der ÖVP) wieder der entgegengesetzte Eindruck von Politik erweckt werden soll. In den Programmen ist man also, um es primitiv zusammenzufassen, weit auseinander; in der Sachpolitik strebt man unter den Zwängen von Regelungen und Gegebenheiten, unter den Zwängen der Mehrheitssuche und den Zwängen der selbstverordneten Mitte-Position immer näher zueinander; und in der Propaganda behauptet man, wenn die Partei endlich an die Regierung käme, würde sie in fast allen wesentlichen Fragen für eine Kehrtwendung sorgen.

Sehr eindringlich hat, in einem etwas anderen und fundierteren Gedankengang, Norbert Leser von den Problemen der Parteien im Dreieck ihrer »P« gesprochen: Programmatik, politische Praxis, Persönlichkeiten. Es stimmt da seit geraumer Zeit zu wenig überein. Das spüren immer mehr Menschen. Die Parteien werden unglaubwürdig: Ihr Programmatik, das Sollen, steht in einer verlegen in die unterste Schublade gelegten Broschüre; ihre politische Praxis, das Tun, läuft höchst pragmatisch den Sachzwängen oder den vermeintlichen Bevölkerungswünschen nach; ihre Persönlichkeiten, die im Fernsehen und in sonstiger Öffentlichkeit auftreten, machen viel zu große, weiß Gott wohin in die Zukunft gerichtete Töne, wiederholen sich ständig und bleiben doch schwammig, pathetisch, unverbindlich.

Somit stimmt das Sollen weder mit dem Tun noch mit dem Reden überein und ebensowenig das Reden mit dem Tun. Es tut sich ein Bermuda-Dreieck auf, in dem die Glaubhaftigkeit der Parteien spurlos verschwunden ist.

Nun kann es nicht darum gehen, aufs Verschwundene sozusagen noch den Hut draufzuhauen. Man muß schon überlegen, ob nicht der Wiederbelebungsversuch an den Groß- und Altparteien sowie an ihrer Glaubwürdigkeit mehr verspricht als die endgültige Abwendung von ihnen.Wem sollten wir uns denn in diesem Fall zuwenden? Weg vom Alten, hin zum Neuen.Was aber, wenn dieses seine eigene Geburt nicht und nicht beenden kann?

Mit ist schon klar, daß Reformen, gerade an und in Großparteien, immer viel plastischer vorstellbar als dann tatsächlich mach- und vollziehbar sind. Und dennoch plagt mich gerade dabei (noch immer) ein ungewohnter Optimismus, der immer dann weiter angestachelt wird, wenn ich die traurigen Verkörperungen des angeblich Neuen

betrachte: wichtige, aber ganz unausgegorene Ansätze; fragwürdige oder jeder politischen Fähigkeit bare Persönlichkeiten; und Kasperlorganisationen noch und noch, die im Wochenrhythmus entstehen und zerfallen.
Ja zum Neuen, aber nein zu den heutigen Neuen. Trotzdem müßte man sie, als Stachel im faulen, da und dort sogar schon faulenden Fleisch der Altparteien, erfinden, diese Neuen, wenn sie sich nicht ohnedies ständig selbst erfänden.
Es ist, um en passant ein Geständnis punkto Systematik abzulegen, völlig unmöglich, die neuen Gruppierungen in ihren grünen oder alternativen oder grün-alternativen Erscheinungsformen aus diesem Kapitel auszusondern, wie ich es zunächst vorhatte. Sie gehören hierher, gnadenlos, ob aus ihnen nun etwas wird, werden soll oder nichts wird.
Lassen wir uns nicht täuschen: Jene Mandate, die aller Voraussicht nach eine vierte Gruppierung im Nationalrat der nächsten Legislaturperiode besetzen wird, sind, wie es jetzt aussieht, fleisch- und menschgewordene Anti- und Protestmandate. Ihre Inhaber werden daher von der Verlängerung, daher auch von der Anheizung der Proteststimmung leben – mit all den Nachteilen, die eine solche Situation mit sich bringen muß.
Grün ist sehr wichtig, aber in keiner Weise politikfüllend, eher eine gute Politik voraussetzend. Und »alternativ« ist doch nur der verfremdwörtlichte Ruf nach »anderem« in der Politik, dem man mit der freundlichen Frage »Nun ja, gern, aber was?« gegenübertreten möchte. Die Antwort ist entweder eine, die nur eine winzige Minderheit zufriedenstellt; oder sie bleibt ganz aus. Sagen wir fairerweise: blieb bisher aus.
Die FPÖ ist nur deshalb kurz zu erwähnen, weil ihr Zerfall mit dem damit verbundenen Freiwerden weiterer Proteststimmen eine vierte, eventuell fünfte Gruppierung nährt. Zerfall? Jede Partei, die letzthin (1983) schon nur 4,98 Prozent der gültigen Stimmen erhalten und seither laut allen Umfragen weiter abgenommen hat, muß als Zerfallsprodukt gelten, dem nur mit großer Mühe jenes faire Mitleid entgegenzubringen ist, das der Schwäche gebührt. Ein Wiederaufschwung der FPÖ – unter einer neuen Führung, die Kleinpartei hat ja einige zugkräftige Leute in ihren Reihen – wird nicht leicht sein, da ihr of-

fenbar ein Debakel bei den kommenden Nationalratswahlen vorhergehen muß. Lenkt dieses Debakel aber einige zehntausend Protestwähler in andere Lager, so werden bei späterer Gelegenheit die verlorenen Schafe nicht gar so willig in den alten Pferch zurückfinden.

3.4 Nach der Warnung

Da stehen also die viel zu großen, recht unglaubwürdig gewordenen, krisengebeutelten Großparteien auf ihren tönernen Füßen. Trotz einiger Hemmung, die man beim Aussprechen eines solchen Befunds verspürt, sind und bleiben sie als gegebene Größen Hauptobjekte der Betrachtung und des Reformansatzes. Sie haben es, nach der ersten Warnung durch den Wähler vor drei Jahren, nicht geschafft, sich selbst auf gleich und in der Folge auf die Höhe der Zeit zu bringen. SPÖ und ÖVP haben weitgehend eine an ihnen interessierte Jugend eingebüßt – noch nicht ganz die Jugend als Wählerschaft, aber drei Viertel der Jugend als Parteigänger. Die Parteien werden die jungen Staatsbürger und deren noch jüngere Nachfolger nur durch eine grundsatztreue Politik, nicht durch markige Reden erobern, wieder zurückerobern können. Das erfordert beides: Grundsätze und Politik. Zu diesem Zweck wird – keine Angst, nicht jetzt und hier – um eine große und tiefgehende Ideologiediskussion nicht herumzukommen sein. Man wird sie anders, weniger abschreckend, benennen. Man wird vieles, was den Graubärten im sozialistischen wie im parteibürgerlichen Lager lieb und wert ist, dabei über Bord gehen lassen müssen.

Ich bin überzeugt davon, daß dabei und davor beide Großparteien Grundsatzentscheidungen treffen müssen, hoffentlich in demokratischer Manier, also unter Befragung ihrer Mitglieder. Die ÖVP etwa muß klarstellen, wie neokonservativ sie nicht nur in Proklamationen, sondern auch in eindeutig niedergelegten Programmsätzen sein will. Ihr derzeitiges Grundsatzprogramm aus dem Jahr 1972 verbietet, ehrlich-rigoros interpretiert, über weite Strecken eine »rechte« Politik, es verbietet eigentlich sogar die seit fast drei Jahren immer lauter geforderte entscheidende Wende in der österreichischen Politik.

Die SPÖ muß sich wohl entscheiden, ob sie ihren Sozialismus – ohnedies ein immer unschärfer werdender Begriff – noch weiter durchhängen lassen oder die Taue wieder straffen möchte. Ich stehe den weltanschaulichen Grundlagen der Partei fern – und möchte doch versprechen, daß ich, ob die Entscheidung für oder gegen Sozialismus fällt, prinzipiell zu Beifall bereit bin. Nur ehrlich entschieden soll werden, zugunsten einer diesen Namen verdienenden sozialistischen Partei oder einer eher linken Volkspartei mit entsprechender Ausschilderung.

Eine seltsame Entwicklung bahnt sich an. Da die Großparteien im Grundsatzpolitischen und als vertrauenswürdige Sachverwalter seit 1983 noch weiter abgebaut haben, müssen sie unter vermutlich stark veränderten Voraussetzungen ab 1987 die Dreifachbelastung tragen: miteinander regieren; jede für sich eine Programmreform durchziehen; und sich voneinander zumindest notdürftig abheben. In den letzten drei Jahren war die SPÖ zu sehr damit beschäftigt, einen Schlag um den anderen zu »verdauen«, und die ÖVP zu hektisch bemüht, ihre Oppositionszeit abzukürzen, als daß die Politiker beider Seiten zum Grundsätzlichen gelangen hätten können.

Erstaunlicherweise aber scheint den Kolossen das vorläufige Überleben gelungen zu sein. Dahinter steckt wohl eine kaum zu dokumentierende, aber für Sensible fühlbare Teilmobilisierung der berühmten schweigenden Mehrheit. Auch das war, diesmal im Rückblick, eine seltsame Entwicklung: Bei allem zeitweisen Anschwellen des Grün-Potentials verstärkte sich, gespeist von der international registrierten konservativen Welle, die konservative Grundströmung in Österreich. Das kam sogar ein wenig auch der SPÖ zugute, wenn bei ihr der Zuzug auch weit überkompensiert wurde durch den protestierenden Abgang von linken Flügel- und alten Stammwählern, die beide aus verschiedenen Gründen Ideenverrat witterten. Hauptnutznießer war natürlich die ÖVP. Die Frage ist nur, ob sie die zuletzt gemessenen Zuwächse auch halten und an die Wahlurnen bringen kann.

In der Volkspartei regt sich übrigens nicht nur ein gewisser Basiswiderstand gegen die Kurswechselparole, sondern es herrscht in ihrer Wählerschaft vielfach die Meinung, ja geradezu die Hoffnung vor, es werde ohnedies nicht zur vielpropagierten Wende kommen. Ein erheblicher Teil der ÖVP-Wähler rechnet via große Koalition mit dem kurskorrigierenden Einfluß ihrer Partei, nicht mit mehr. Werde ich

der Bosheit geziehen, wenn ich behaupte: Auch viele SPÖ-Wähler rechnen nicht nur mit der großen Koalition, sondern auch mit der dadurch bewirkten Kurskorrektur?
Wie in konzentrischen Kreisen, ich bitte jetzt nicht an Dantes Inferno zu denken, nähern wir uns wieder dem Hauptthema Glaubwürdigkeit. Ohne deren Rückeroberung, zumindest ohne Trendwende, werden die Parteien, dieser so wichtige Teilaspekt der österreichischen Gesamtkrise, noch tiefer im bisherigen Elend versinken. Es wird nicht nur gereinigter Parteiprogramme und einer mit ihnen übereingestimmten Politik bedürfen, sondern im wahrscheinlichen Fall einer Koalition zwischen SPÖ und ÖVP auch einer nicht einmal in Ansätzen vorhandenen, nicht einmal noch erahnbaren Koalitionspsychologie.
Soll heißen: Es müssen Kategorien eigener Art zur Beurteilung durch den Wähler geschaffen werden. In der ersten Stufe sind die großen, gemeinsam zu tragenden, sowohl von Sachzwängen diktierten wie zu Kompromissen zwingenden großen Reformen (Steuer, Sozialversicherung, verstaatlichte Industrie, Agrarpolitik) zu formulieren. In der zweiten Stufe geht es um weitgehend autonome Ressortzuständigkeiten ohne lähmendes Mitspracherecht des Koalitionspartners, der das Ressort nicht verwaltet. Dort muß der Vertreter der SPÖ oder jener der ÖVP zeigen, was er vermag. Und mit ihm steht die jeweilige Partei auf dem Prüfstand.
Diese Projektion kann freilich nur dann realistisch sein, wenn sich die SPÖ in ihrer Grundsatzdebatte entschließt, zur linken Volkspartei zu werden – erinnern wir uns an die »Entscheidungsforderungen« von vorhin. Alles gleichzeitig können wir uns zwar wünschen, aber nicht haben: Polarisierung in zwei grundlegend voneinander verschiedene, daher gut zu unterscheidende Parteien; und eine Koalition, die über die Notstandskompromisse deutlich und stabil hinausweist.
Da die SPÖ aber logischerweise mehrheitsfähig bleiben will, das heißt Programm und Politik nicht nach den Sehnsüchten der Neomarxisten ausrichten wird, braucht man als Österreicher vor zuviel Polarisierung kaum Angst zu haben.
Auf die Frage, ob diese Prognose ironisch gemeint ist, möchte ich mich gerne der Antwort entschlagen. Wir wollen doch Realisten sein, nicht wahr?

3.5 Die Unentbehrlichen

Die um den Kern der Glaubwürdigkeit kreisenden Erfordernisse zur Rückdämmung des Unbehagens an den Parteien und gegenüber dem Parteienstaat werden den einen oder anderen fragen lassen: Wenn es schon vorläufig noch unmöglich ist, die Hoffnung auf neue, frischere Gruppierungen zu setzen – ginge es nicht doch entscheidend besser mit dem großen Schnitt? Mit dem Versuch, aus dem Parteienstaat überhaupt auszusteigen?

Lassen wir ausnahmsweise beiseite, wie realistisch der Gedanke eines solchen Aufstands wäre, nehmen wir also an, die Parteien wären schon so morsch und von der allgemeinen Kritik derart zermürbt, daß sie ihrer Abdankung wenig Widerstand entgegensetzten. Wäre der Versuch überhaupt zweckmäßig? Oder eher gefährlich? Denn wir haben doch wiederholt und wie im Brustton einer weiter nicht des Beweises bedürftigen Wahrheit gemeint, ein demokratischer Rechtsstaat ohne Parteien sei ein Widerspruch in sich. Es sei, hieß es zu Beginn dieses Kapitels, eine Tatsache, daß die Parteien hier eine unabdingbar-unersetzliche Rolle spielten.

Falls man aber die Parteien nicht völlig verschwinden lassen, sondern nur weit zurücktreten und »schwach« werden sehen will, gibt es unter den westlichen Demokratien tatsächlich ein Gegenbeispiel zum Parteienstaat, und das ausgerechnet im, wie man sagt, demokratischen Musterland USA.

Und gerade dieses Beispiel, sofern überhaupt auf Österreich anwendbar, ist eines, das wohl jeden von uns wieder reumütig zum Gedanken der Reform, nicht aber vom Vorsatz, die Parteien entscheidend schwächen zu wollen, zurückkehren läßt.

Es ist schwer zu sagen, wann in den Vereinigten Staaten die Parteien in der öffentlichen Meinung so restlos abgewirtschaftet hatten, daß sie mit ihrer heutigen Rolle zufrieden sein mußten. Es ging wohl Schritt um Schritt, daß nunmehr jeder aussichtsreiche Kandidat für ein politisches Amt Parteiferne geradezu nachweisen, seinen Abstand zur Maschine, zur Verkörperung von »dirty politics« dem Wähler klarmachen muß.

Plasser-Ulram haben die erschreckende Entwicklung, die sich in den Vereinigten Staaten daraufhin ergab, hervorragend dokumentiert. Es

handelt sich um einen Umfang von Politikverdrossenheit, der alle ähnlichen Erscheinungen in unseren Breiten in den Schatten stellt. Fazit: »Die drei großen TV-Stationen und die überregionalen Tageszeitungen können keine Parteien ersetzen. Öffentliche Apathie und politischer Zynismus sind daher mit hoher Wahrscheinlichkeit der Preis einer Politik ohne Parteien.«
Das Vertrauen in die Regierung, also in deren Bemühungen um das Wohl der Allgemeinheit, ist in den Vereinigten Staaten von 64 Prozent (1964) über 43 Prozent (1972) auf 24 Prozent (1976) zurückgegangen. In etwa derselben Zeitspanne sank der Prozentsatz der Wähler mit starker Parteibindung von 39 auf 23 Prozent und stieg jener der Wähler ohne jede Parteibindung von 20 auf 39 Prozent. Schließlich kletterte der Nichtwähleranteil bei Präsidentenwahlen zwischen 1960 und 1984 von 37,2 auf fast 48, bei Kongreßwahlen von 54,6 auf 64 Prozent (1980). Der Nichtwähler-, nicht der Wähleranteil!
So anders kann Österreich, kann unsere Wählerschaft nicht sein, daß man dieses warnende Beispiel – das einzige, das es für ein zurückgeschrumpftes Parteiensystem in einem unzweifelhaft demokratischen Staat gibt – als unerheblich beiseiteschieben dürfte.
Es empfiehlt sich also die Reformarbeit, weil dazu keine Alternative ersichtlich ist. Es empfiehlt sich vernünftige Aufgaben- und Apparatereduktion in den Parteien. Allerdringendst aber braucht Österreich das persönlichkeitsbezogene Wahlrecht, mit seiner Relativierung der Zentralmacht der Großparteien. Ich wiederhole mich: Bessere Parteien ohne bessere Politiker sind nicht vorstellbar. Bessere Politiker sind nicht durch Spezialschulung oder Superbesoldung erhältlich, sondern nur durch bessere Auslese. Bessere Auslese aber ist in erster Linie durch Nähe zu den Wählern und zu den Wählerwünschen gewährleistet, nicht durch Nähe zur Partei und deren Wünschen.
Ekel vor Parteien, wegen deren Praktiken und wegen ihrer Erscheinungsform überhaupt, ist eine übertriebene Reaktion. Sicherlich sind erste Ansätze von Brechreiz vorhanden. Sie würden ärger und ärger werden, wenn Reformen aufgeschoben werden. Also prolongieren wir einfach noch auf ein kurzes unser Vertrauen in den Überlebenswillen und in die dazu benötigte Grundintelligenz der Parteien. Und fördern wir nach Möglichkeit den steigenden Druck des staatsbürgerlichen Unwillens, den Wunsch nach einschneidenden Änderungen in

Organisation, Präsentation und Politik. Dazu der hoffentlich noch wachsende Schub neuer Gruppierungen – dies alles müßte für einen Neubeginn in diesem Krisenbezirk reichen.
Ich mag einfach die Zornigen nicht, die immer nur vom Hinwegfegen reden und denen sonst nichts einfällt.

4. Die Österreichfrage: Selbstvertrauen, was ist das?

4.1 Das unbekannte Wesen

Der Österreicher, quer durch seine Republik, ist im Schnitt eine qualifiziert widersprüchliche Natur. Sein Realitätssinn ist ein erstaunlicher und wird nur durch seine Begabung zur Mythenbildung übertroffen. Sein tatsächlicher Fleiß, den nicht einmal die bekanntlich stets lügenden Statistiken ganz verbergen können, steht im schreienden Widerspruch zur Aura der seelenbaumelnden Faulheit. Seinem Geschichtsbewußtsein, dessen ersten Wortteil er emsig vermarktet und auf dessen zweiten er stolz ist, steht ein nicht gerade überwältigendes Geschichtswissen gegenüber, das mehr mit Garnichtwissenwollen zu tun hat als mit mangelhaftem Schulunterricht.
Der Österreicher, quer durch seine Republik, verblüfft durch Aggressivität gegen seinesgleichen und noch Fremderes ebenso wie durch Entgegenkommen, wenn der zahlende Gast sich nähert. Da liebt er das Dienerische und haßt alles, was ihn darin stören könnte: etwa jene, die ihm verbieten wollen, auch noch in den letzten heilen Bergwald Schneisen für Skiabfahrten und Lifte hineinzufräsen oder das letzte Alpental auszubetonieren oder den letzten Platz in Wien für italienische, skandinavische, holländische und deutsche Autobusse zur Verfügung zu halten.
Der Österreicher, quer durch die Republik, teilt sich ein in alte und junge Österreicher. Der alte ist politisch ein gebranntes Kind und politisiert daher (»I will nix g'sagt haben«) für sein Leben gern, aber

nur, wenn er unter seinesgleichen sitzt. Das Kind, pardon, der junge Österreicher, politisch zehnmal heiler und unverbogener und unverbrannter als der alte, will wenig bis nichts von herkömmlicher Politik wissen. Aber es scheint die jeweilige Eigenart, im internationalen Vergleich, beim alten ärger als anderswo und beim jungen weniger arg zu sein. Darauf deuten die Arbeitsergebnisse der Sozialforscher hin.
Aber leider: Der Österreicher, quer durch seine Republik, ist möglicherweise als Umbefragter weniger verläßlich, das heißt verlogener als der Deutsche von der Nordsee bis Berchtesgaden und Garmisch. Vorsichtige, aber nicht zitierbare diesbezügliche Äußerungen von Fachleuten sollen vorliegen.
Fragen Sie mich nicht, wer der Österreicher, quer durch seine Republik, eigentlich ist. Ich bin ein Salzburger in Wien und daher schwer in meinem Selbstverständnis gestört. Als Achtzehnjähriger war mir Wien eine fremde Welt und der Wiener durch seine Sprechsprache so unsympathisch wie jedem echten Salzburger (Tiroler, Kärntner, Oberösterreicher, Steirer usw.). Als Achtundvierzigjährigem ist mir Wien noch immer nicht ganz geheuer, aber jetzt sind mir die Salzburger unsympathisch, die mich und meine Wiener Sprachmelodie unsympathisch finden.
Mein Lieblingsdichter Hugo von Hofmannsthal meint im April 1922, ein wirklicher Theatersinn sei über das ganze Volk ausgestreut »beim Österreicher wie bei den Kelten oder bei den Griechen«. Aus welchen Gründen beim Österreicher? Aus geselliger und musikalischer Begabung. Und sein Takt, ein Begriff in der Musik wie im sozialen Leben, sei ihm angeboren.
Ich habe kluge Leute, sonst durchaus maßvoll in ihren Urteilen, schon das Gegenteil sagen gehört, gerade über das Taktgefühl des Österreichers.
Notorisch – wir ließen es unter vermarkteter Geschichte schon anklingen – ist die weltweit anerkannte Tatsache, daß Österreich künstlerische und geistige Genies zu allen Zeiten, vornehmlich aber um die letztvergangene Jahrhundertwende bis in die hohen dreißiger Jahre, in Hundertschaften hervorgebracht hat und der Österreicher zu diesen Genies der verschiedenen Arten und Sorten stets ein vertraut-vertrauliches Verhältnis hatte. Nämlich: Er wurde mit ihnen »auf dem Wege des Exportes und der Nichtbeachtung im eigenen Land fertig«

(Peter Kampits). Es wird im Grunde auch heute noch so sein, gestört und korrigiert nur durch Ausnahmen, die durch ihren in Zahlen ausdrückbaren internationalen Erfolg einen Strich durch die bewährte und gemütliche österreichische Rechnung machen, Größe erst in gewaltigem zeitlichem Abstand zur Kenntnis zu nehmen. Bei Peter Handke und Thomas Bernhard, um zwei Beispiele aus einem einzigen Bereich zu nennen, bedurfte es offenbar nicht dero Ablebens, um sie zu entdecken und zu beachten, zu preisen und – zu vermarkten.
Vielleicht aber half bei dieser speziellen Kenntnisnahme der von Hofmannsthal konstatierte Theatersinn des Österreichers nach. Von Handkes und Bernhards Dramen ganz abgesehen, durchweht – fast hätte ich »durchsaftelt« gesagt – unverfälschter Theatersinn auch die Prosa und vor allem die Romane der beiden Genannten.
Was hingegen gar nicht Theater ist noch ihm ähnelt oder doch nicht zumindest an Theater (mit Kulissen, Verstellung, Maske und Pathos) irgendwie denken läßt, hat beim Österreicher deutlich weniger Chancen. Das schlägt überallhin durch, auch in die Politik. Aber es wär' nicht die österreichische Gegensätzlichkeit am Werk, wenn für das Nichttheater, also für strenge Seriosität bis auf die Knochen, nicht auch respektvoller Beifall und mitunter sogar noch mehr möglich wäre.
Der geradezu schmerzende Wesensgegensatz etwa zwischen Bruno Kreisky, dem Theatermann, und Karl Schleinzer, dem Gegenteil davon, wurde vom Österreicher – sagen wir: spät, aber doch – gewürdigt. Wäre Schleinzer nicht schon im vierten Jahr der absoluten SPÖ-Mehrheit tödlich verunglückt, hätte es zu einem erstaunlichen Aufholprozeß kommen können. Der ÖVP-Obmann hatte damals, 1975, endgültig seinen Stil gefunden, mit dem er seine altmodische Ernsthaftigkeit und Grundsatzfestigkeit der Öffentlichkeit auch zu vermitteln vermochte. Aus dem tiefen Gegensatz heraus drohte Bruno Kreisky plötzlich die Gefahr, mitsamt seiner überragenden politischen Einfallskraft und seiner unterhaltenden Darstellungsfreude als zu leichtgewichtig empfunden zu werden.
Das Schicksal wollte es anders. Die Österreicher, und zwar wirklich und wahrlich quer durch ihre Republik, adaptierten sich an Kreisky. Es ereignete sich schließlich jene legendäre Meinungsumfrage, die dem damaligen Bundeskanzler 1980 die Meinung des Volkes über ihn, zu-

gleich aber auch aller Welt, falls es sie interessierte, das österreichische Wesen schlechthin präsentierte: Eine Mehrheit verweigerte Kreisky die Zuerkennung der Eigenschaft »seriös«. Aber eine gewaltige Mehrheit sah sich durch ihn gut vertreten in der internationalen Politik, und zwar desto besser, je ärger die dortigen Verwicklungen waren.
Ich darf wohl ungestraft folgende Übersetzung dieser Volksmeinung wagen: Der listige Fuchs ist uns schon recht, vor allem dort, wo man schlauer sein muß als die anderen Füchse.
Lustige und halblustige Erkenntnisse über den Österreicher können freilich nicht darüber hinwegtäuschen, daß es auch gar nicht lustige gibt. Ich möchte die Tests auf faschistische oder, wie man etwas nebelhaft zu sagen pflegt, faschistoide Wesensneigungen nicht rekapitulieren; aber das nicht sonderlich heiter stimmende Ergebnis zeigte uns nicht als unangefochtene oder gar lupenreine Demokraten.
Erinnern wir uns der hierzulande üblichen Haltung angesichts häßlicher Privilegien: Der Zorn darüber schlägt viel zu oft automatisch in Neid um, und schon besteht der Hang, selbst das Privileg (oder ersatzweise ein anderes) anzustreben, anstatt für die bereinigende Abschaffung festgestellter ungerechtfertigter Vorrechte einzutreten.
Ehe wir uns aber alle nur erdenklich schönen, skurrilen und häßlichen Nationaleigenschaften zusprechen, um behaupten zu können, wir Österreicher seien halt ganz besondere Leute, müssen wir uns doch fragen: Ist nicht die Neigung zur Selbstbespiegelung eines der typischsten Merkmale des Österreichertums? Sind nicht unsere jüngst dahingegangenen Edelfeuilletonisten in der Dichte und Eigenart ihres Auftretens, in ihrer gepflegten bis hemmungslosen Selbstironie einzig und unvergleichlich; wären denn ihresgleichen im Norden oder Süden, in Deutschland oder in Italien, im Westen oder Osten, in Frankreich oder England oder Rußland, je zu finden gewesen?
Also schließen wir die Suche nach »XY unbekannt« erfolglos ab.
Dieser Einschub von in jeder Hinsicht losen Gedankenfetzen zeigt auch, wohin einen sein Österreichersein treibt, wenn er sich nicht an die Kandare einer strengeren Denkungsart nimmt. Dennoch glaubt mancher Landsmann und Zeitgenosse, manche Landsfrau und Zeitgenossin, daß gerade das um eine Spur unergründlichere Wesen des Österreichers diesen hervorragend befähigt, sich münchhausenartig am eigenen Schopf aus der Krise zu ziehen.

Spaßvögel meinen gar, im äußersten Notfall, dann, wenn die Midlifecrisis der Republik unversehens in eine End-crisis übergehen sollte, könnte sich der Österreicher damit helfen, die Krise für beendet zu erklären.
Das wollen wir aber denn doch zur Ultima ratio ernennen und zuvor, ohne weiterhin in Österreichers Seele und noch Tieferliegendem zu plätschern, ein unzweifelhaft reales Krisenproblem mit Ernst anpakken: das Problem nämlich, daß die Österreicher quer durch ihre Republik immer unterschiedlicher und die gegenseitigen Verständnisschwierigkeiten immer bedrohlicher zu werden scheinen.
Man glaubt es kaum: Das Dilemma vor allem zwischen Ost und West in Österreich, aber auch zunehmend zwischen Stadt und Land wird allgemein bagatellisiert. Sofern man's überhaupt zur Kenntnis nimmt, versucht man es sofort in bildungs-, wirtschafts- und sozialpolitische Ursachen aufzulösen. Ich halte aber das Ganze für entscheidend mehr als nur die Summe seiner Teile.
Vor allem halte ich unsere republikanische Midlife-crisis nur durch mehr österreichisches Selbstvertrauen lösbar, und dieses Selbstvertrauen kann und muß durch mehr Vertrauen zu den anderen, auch zu den sehr anderen eigenen Landsleuten gefunden oder doch sehr gesteigert werden.

4.2 Das zerklüftete Land

Es ist immer leichter, im nachhinein an Gedenkfeiern herumzunörgeln als vorher originelle und brauchbare Vorschläge zu machen. Trotz diesem Selbstvorwurf muß gesagt werden, daß die Vielzahl der Feiern zum Republikjubiläum 1985 in einer Hinsicht besonders unergiebig war: in der Pflege des festlichen Gedankens der Vielheit in der Einheit, der lebendigen Buntheit unter dem gemeinsamen Dach.
Österreich ist mehr als nur ein erhebender Gedanke, es ist Gemeinschaft und Vaterland, Gewölbe und uralter Hort, der Staat, der uns durch nichts ersetzt werden kann; und das alles, ehe wir von »Nation« sprechen. Was wäre dieses Österreich ohne die innere Farbenpracht, die wunderbar-wunderliche Unterschiedlichkeit seiner Bundesländer und der dort hausenden »Stämme«?

Es ist die alte Sünde Wiens, die Sünde der Hoffart und der Nabelbeschau, nur die eigenen Orientierungen zu pflegen, die der anderen Bundesländer jedoch entweder ganz zu vergessen oder gering, wenn nicht gar als verdächtig zu achten. Wien ist großartig, Wien ist Wien. Darüber hinaus aber sitzt in der Bundeshauptstadt der Dünkel des vermeintlichen Vorrangs. Unter allen Vermeintlichkeiten ist die des geistigen Vortritts die am schwersten erträgliche.

In Wien hat außerdem die Idee der gesamtstaatlichen Orientierung ihren Sitz, der im Bundesstaat auch sehr notwendige unitaristische Gedanke im Gegensatz zum föderalistischen. Das ist mehr als nur der Ausfluß der Bundesverwaltungshochburg.

Schließlich umgibt Wien ein Umland, ein Bundesland, das ich aus vielen Gründen ebenso liebenswert finde wie seine Einwohner, das aber geeignet ist, die zentrale Überheblichkeit der Hauptstadt und der Hauptstädter noch zu steigern. Die Erscheinung verstärkt sich mit jedem Wiener Zweitwohnsitz in Niederösterreich, mit den von Wien aus dirigierten Ausstellungen, mit jedem zusätzlichen Einpendler nach Wien und jedem weiteren Arbeitsplatz, der in der unersättlichen Metropole geschaffen werden kann, nicht aber »auf dem Land«.

Man stelle sich vor: Wien umgeben von Tirol; umgeben von Steiermärkern. Unvorstellbar?

Wien ist in erster Linie auf sich selbst, in zweiter Linie auf das ihm dienende Niederösterreich, in dritter Linie, sehr forciert und bemüht, auf den Donauraum und auf die schöne nostalgische Idee eines geistigen »Mitteleuropa«, soll heißen auf die heiß rückflutende Sehnsucht ehemaliger Kronländer, fixiert. Warum auch nicht? Nur verwechselt sich Wien bei dieser Gelegenheit mit Österreich. Das ist schon schlimm. Hinzu kommt aber noch, daß, von außen, Wien tatsächlich oft mit Österreich verwechselt wird. Da beginnt's für die nichtwienerische Mehrheit Österreichs ungemütlich zu werden.

Bleiben wir bei der Orientierung. Vorarlberg ist nach Westen orientiert und soll es auch bleiben. Tirol hat seine Stammburg jenseits der Grenze in Welschland, es ist und bleibt nord-süd-orientiert, auch als Durchzugsgegend mit seinen daraus kommenden Leiden und Freuden. Salzburg richtet sich, seiner besonderen bajuwarischen Bevölkerungsnote entsprechend, zum großen Nachbarn und dessen »heimlicher Hauptstadt« München hin aus, und noch ein Stück darüber hinaus; was soll da historisches Naserümpfen? Ähnlich verhält es sich mit dem größeren Teil Oberösterreichs, wo unter »Mitteleuropa« gleichfalls nicht verstanden werden kann, was seit Jahresfrist in Wien verkündet wird. Auch die ohnedies schon mit gutem Grund als »wild« eingestuften Völker jenseits des Semmerings und der Packalpe verfügen über ihre ganz eigenen geistig-geographischen Orientierungen.

Das mag alles, inklusive Wiens, so sein und so bleiben. Nur sollte man es voneinander wissen, mehr wissen, es bewußt und positiv zur Kenntnis nehmen; man dürfte nicht so tun, als sei man mit seinen klugen Einfällen allein auf der Welt; man sollte die anderen Nachbarn in Österreich verstehen lernen. Dazu bedarf es der Gespräche, Diskussionen, Dialoge neuer Art.

Eine festliche Sitzung der Bundesversammlung zum vierzigjährigen Jubiläum der Republikgründung mitsamt den dabei gehaltenen gescheiten und von föderalistischen Bekenntnissen strotzenden Reden war zuwenig.

Jedem Land in Österreich ist, wie es der unvergeßliche Hanns Koren gesagt hat, eine bestimmte, nur ihm zukommende und ihm zugewachsene Bildungsaufgabe »in Erfüllung des Eigensinns und der Eigenart des Landes« zugewiesen. Die Republik bloß aus historischen Reminiszenzen heraus als Bundesstaat aufrechtzuerhalten wäre zu teuer. Wie oft aber wird im Rahmen der Föderalismusdiskussion dieses Österreich, da es rechtlich nun einmal so eingerichet ist, nicht als eine blutvolle Gemeinschaft von neun ganz verschiedenen Bundesländern, sondern als eine Summe von ebenso vielen Verwaltungsprovinzen angesehen!

Das ist auch der Fluch der Juristerei. Sie muß in Begriffen denken. So fällt die – wahrscheinlich richtigerweise, wenn auch nicht als Naturgesetz gegebene – Tatsache ins Gewicht, daß allen neun Bundesländern dieselben Zuständigkeiten zugewiesen sind, Vorarlberg hat nicht mehr oder keine anderen Kompetenzen als Niederösterreich. Solche als selbstverständlich erachteten Gegebenheiten verführen jene, die damit berufsmäßig täglich zu tun haben, zu schematischem Schlußfolgern.

Selbst die Länder als historische Individualitäten bleiben dabei auf der Strecke. Man fährt bedenklich abstrakte Gedankenbahnen nach und läuft Gefahr, von der Fülle des Lebens abzusehen, von der »inneren Kraft der Länder« und von der »Größe der Dörfer« (Hanns Koren).

Die tatsächliche Kraft der Länder beruht heute verhängnisvollerweise auf etwas ganz anderem, und dieses andere erzeugt leider jene zentrifugalen Kräfte, die zwar nichts mit irgendeiner Gefährdung der nationalen Einheit zu tun haben, die wir aber dennoch nicht haben wollen. Gemeint ist die politische Tatsache, daß sechs Bundesländer von der einen großen Partei und drei von der anderen beherrscht werden, wobei beherrscht diesfalls gar nicht unter Anführungszeichen gesetzt zu werden braucht.

Dieses Sechs-zu-drei alleine wäre nicht so bedeutsam, wenn nicht die dominierende Länderkraft, die ÖVP, seit mehr als sechzehn Jahren im Bund in Opposition stünde. Daraus entwickelte sich in den ÖVP-geführten Ländern (die auch bevölkerungsmäßig in Österreich die Mehrheit haben) eine zusätzliche Abdrift von Wien, von der Zentralgewalt, vom sozialistisch geführten Bund.

Diese Drift ist mentalitätsmäßig viel stärker erfaßbar als in der Politik der harten Fakten, wo man sich immer wieder zusammenfinden mußte, Verträge abschloß, gemeinsam Projekte in Angriff nahm und um die Erhaltung von Arbeitsplätzen in konzertierten Aktionen rang. Den Menschen und ihren Gefühlsbedürfnissen kam hingegen die Selbstdarstellung des Landes etwa in Gestalt des starken, hochgeachteten Landeshauptmanns entgegen. Und der Landeshauptmann, stets auch Landesparteiobmann der ÖVP, wuchs an diesen Bedürfnissen seiner Landesbürger – ausnahmsweise sogar bis zum Ungehorsam gegenüber der Verfassung, wie Salzburgs Wilfried Haslauer 1984.

Hier polarisierte sich manches. In Wien, in Kreisen der sozialistischen Bundesführung, reagierte man unverständig-abweisend. Es mangelte am Zuhörenwollen und -können. Dabei hätte man gar nicht unbedingt dem politischen Gegner, sondern nur öfter dem einzigen Landeshauptmann mit föderalistischer Substanz der eigenen Couleur, dem Kärntner Leopold Wagner, zuhören müssen.

Wer nun glaubt, die tieferen Verständnisschwierigkeiten zwischen Bund und Land, zwischen Wien und den Ländern, zwischen den einzelnen Bundesländern lägen, was Politik im weiteren Sinn betrifft, vorwiegend zwischen den Politikern und damit zwischen den Par-

teien, irrt. Es ist auch ein Problem der Intellektuellen oder kulturellen Eliten. Ich fürchte sehr, die in Wien sitzenden begeisterten Befürworter der »Vision Mitteleuropa« haben zuwenig nachgedacht oder sich überhaupt keine Gedanken darüber gemacht, wie sie ihr als gesamtösterreichisch deklariertes Anliegen, das gesamtösterreichische Förderung durchaus verdiente, außer im Tone der intellektuellen Verordnung auch anderswie jenen mitteilen könnten, die jenseits der Ennslinie geistige Führerschaft beanspruchen.
Da sind Verständnis und Geduld gering, da ist gegenseitige Polemik viel rascher bei der Hand. Man nehme, im Rahmen eines Denkversuchs, hundert Tiroler Unternehmer, hundert Salzburger Mittelschulprofessoren, die hundert führenden oberösterreichischen Landesbeamten – und horche sie zunächst darüber aus, was sie, ohne Indoktrination, unter »Mitteleuropa« verstehen wollen und wohin sie meinen, daß man sich, wenn nach Mitteleuropa, orientieren müßte. Das wäre der Beginn von Aufklärung im guten Sinn; der Beginn von wirklichem Verständnis; der Beginn eines gegenseitigen Lernprozesses.
Zweites Beispiel: der Umweltschutz. Obwohl die politisch wirkenden und durchaus wirksamen Grün-Gruppierungen geradezu prachtvoll föderalistisch gewachsen sind, in Salzburg, in Graz, in Vorarlberg, ist doch die reine, die abstrakte Lehre des Umweltschutzes eine ziemlich zentralistische. Welch geballter, großstädtisch dirigierter Aufwand fließt in den Kampf gegen den Kraftwerksbau schlechthin; wie monomanisch kämpft man gegen die Kernenergie; was kostet alleine die zentrale Bundesbürokratie des Ausdenkens, Ausprobierens, Festlegens, gesetzlichen Bestimmens der Grenzwerte für Schadstoffemissionen an Kraft!
Was aber bedeutet, rein umweltschützlerisch gesehen, die Rettung einer Donauau, wenn gleichzeitig, fast unbeachtet, in den wunderbarsten Gebirgsgegenden unserer Heimat die schrecklichsten, nicht wiedergutzumachenden Bau- und Ausbausünden geschehen? Nur ein Bruchteil jenes Potentials an Protest, Demonstration und Verhinderungswillen, das sich im letzten Jahrzehnt gegen Kraftwerksprojekte wandte, ins Zillertal investiert – und es wäre dort das Allerärgste, Lächerlichste, Beschämendste zu verhindern gewesen.
Ich sage das nicht gegen ein einzelnes der dortigen Vergehen gegen

Ortschaft und Landschaft, nicht gegen dieses Staubecken, jene Dorfzerstörung oder gegen eine bestimmte der vielen fragwürdigen Erschließungen durch Straße oder Seilbahn. Sondern ich sage das gegen das Gesamtwerk einer Verödung und als einfacher Wanderer und Bergsteiger, der den Zillertal-Vergleich vom Ende der fünfziger Jahre bis heute ziehen kann und außer den eigenen Augen keine Nachhilfen braucht. Dasselbe gilt für das Gasteinertal mitsamt dem einst paradiesischen Naßfeld, das nunmehr zum unseligen Wurmfortsatz Sportgastein verkünstelt wurde. Ich selbst mußte von Kindesbeinen an diese Gasteiner Erschließung Jahr für Jahr miterleiden.

Unsere Grünen aber demonstrieren lieber gegen Wackersdorf und visionieren das Jahrtausendprojekt »Wien an der Donau« an. Zumindest letzteres ist anerkennenswert; aber sollte man sich nicht einmal, quer über alle Bundesländergrenzen, in ähnlicher Weise zusammensetzen und über die wirklichen Prioritäten reden, wie das gewisse Gruppen mit der größten Selbstverständlichkeit quer über die Staatsgrenzen tun?

Der Leser wird gemerkt haben, daß mir gerade dort, wo ich den anderen gegenseitiges Verständnis und tiefere Sachlichkeit ans Herz legen will, selbst die polemische Zunge durchgeht. Das dürfte ein durchschnittliches österreichisches Schicksal sein, dieses so rasch ins Maßlose Entgleiten, diese die Mitte verfehlende Bewegung, bei allem Streben, sich in der Mitte – siehe unsere Parteien! – zu etablieren.

»Ein paar Jahre hindurch hatte alles sein Maß; es war eine ehrliche Zeit«, heißt es bei Herbert Eisenreich über die frühesten fünfziger Jahre in Wien. Die heutige Hybris im Denken, Tun, Bauen, Projektieren, Demonstrieren, Politisieren hat jede Mitte längst verfehlt. Demgegenüber aber wird, als Anwort auf echte, an die Substanz gehende Anliegen, von der Obrigkeit noch immer am liebsten das Rezept des Grafen Leinsdorf aus Musils »Mann ohne Eigenschaften« ausgestellt: »Wir haben halt jetzt wegen der Schreierei auf der Straße vor meinem Haus ... eine ›Ènquete zur Feststellung der Wünsche der beteiligten Kreise der Bevölkerung in bezug auf die Reform der inneren Verwaltung‹ eingesetzt.« Eine Kommission also. Oder, fortschrittlicher: einen Auftrag an ein Meinungsforschungsinstitut. Oder, ganz aktuell: ein Bürgerbeteiligungsgesetz.

Selbstvertrauen kann nur aus Begreifen kommen, und Begreifen nur

aus Wissen, und Wissen nur aus Miteinanderreden, und das wiederum wird uns nur gelingen, wenn wir aufs neue einander zuzuhören lernen. Das gilt für uns Nichtamtspersonen, das gilt für Politiker in Amt und Würden, das gilt für die so wichtige schüttere Schar der Innovativen, der Ideenproduzenten, der Visionäre.
Das Gespräch von Ost nach West und wieder zurück in Österreich wird an die Stelle der vielen unfruchtbaren Unter-sich-Diskussionen treten müssen. Wo wäre ein nicht zu bewältigendes Hindernis vor dieser Neuorientierung der vielen isolierten Orientierungen? Ich sehe keins.
Schwieriger als die schrittweise Bewältigung des Bund-Wien-Bundesland-Problems in Österreich könnte es sein, die sich vertiefende Kluft zwischen Stadt und Land besser als bisher zu überbrücken. Ich halte diesen Gegensatz für »österreichischer«, für ausgeprägter als anderswo in der Nachbarschaft. (Hingegen sind, Gott sei Dank, andere soziale Differenzen, vor allem der uns neu zugewachsene zwischen Arbeitsplatzinhabern und Arbeitsplatzlosen, weniger schlimm als in vergleichbaren Ländern.)
Ist das Pendeln zur Arbeit in der Stadt, ist das Hineinwachsen der grauen Stadt ins grüne Land, ist das allumfassende gemeinsame Fernsehen, ist die Bergbauernprämie, sind die fremdenverkehrenden Städter ausreichende Ansätze zur Linderung jenes Komplexes von Komplexen, in dem sich das Stadt-Land-Verhältnis in Österreich immer stärker verfangen hat? Nehmen wir Fernsehen und Tourismus; Soziologen wie Heimatforscher bestätigen uns: Beide Massenphänomene der zweiten Hälfte unseres Jahrhunderts tragen weniger dazu bei, daß sich Stadt und Land die Hand reichen, als daß beide mißtrauisch und neidisch aufeinander blicken. Und objektive Erkenntnis ist, daß die Stadtzivilisation der Landkultur jenen Schaden zufügt, den die Stadtkultur als Schrittmacher und Bewußtseinsheber des Fortschritts niemals ausgleichend gutmachen kann.
Können wir die uns umfassende Krise, deren Existenz manche Politiker aus durchsichtigen Gründen abstreiten, irgendwo deutlicher wahrnehmen als an der Zersetzung ländlichen Selbstverständnisses? Ein häufiger Denkfehler jener, die zu dämpfender Beschwichtigung neigen, besteht darin, daß sie die Stadt-Land-Kluft von einst, das damalige weitgehende Nebeneinanderherleben, verwechseln (»Das war

immer schon so«) mit den Auswirkungen der heute so brutalen Einmischung: Eine Art ungeheuerlich-einseitige Sprachlosigkeit umfängt den bäuerlich-ländlichen Menschen, auch wenn er heute vielleicht nicht mehr Bauer ist, vor dem Fernsehapparat, der ihn informiert, ihm aber nicht über eine Kulturschranke hinweghilft. Und wer meint, da fehle es nur an Schulbildung, das Manko sei daher in der nächsten Generation behoben, merkt nicht, welch unbekümmerter Gleichschaltung er da das Wort redet.

In Gebieten mit Fremdenverkehr, der sich krebsartig wuchernd ausbreitet, verkauft der ehemalige Bauer oder Bauernsohn den Millionen Städtern Land mit was drauf, mit Infrastruktur und Unterhaltung; und spürt bestenfalls, daß er dafür, für verlorengegangenes Land mit was drauf, nämlich mit alter Kultur, nichts eintauscht außer weitere seelische Verarmung – ja, und natürlich außer Geld. Das wird zum weiteren Ausbau des Ausverkaufs gebraucht.

Ich weiß von den endlosen Diskussionen über den vorenthaltenen Wohlstand, von wilden Protesten gegen den weniger einbringenden »sanften Tourismus«, von ehrlicher Empörung gegen Natur- und Nationalparkansinnen. Drei von vier Land- und Gebirgsbewohnern aber sind Opfer des Hereinbrechens der überzogenen neuesten Zeit und ihrer physischen (Land) und psychischen (Leute) Vernichtungstendenzen. Es geht zu viel schief, und das Schiefgehen geht noch dazu mit atemberaubender Schnelligkeit vor sich.

Gegen diese Demolierung ist das, was wir Stadtmenschen unseren Stadtkindern heute antun, zwar nicht harmlos, aber Harm einer niedrigeren, besser verdaubaren Qualitätsstufe.

Ich weiß kein Patentrezept gegen solchen mehrfachen Ausverkauf von Substanz. Wir müssen die Politik in Österreich zwingen, sich ehrlicher als bisher um das Stadt-Land-Dilemma zu kümmern, das dem Land schon zu einem traurigen Krisenvorsprung verholfen hat. In der Stadt schreit man nur rascher, lauter und origineller, wenn eine Fehlentwicklung geortet wird. Müssen nicht wir Medienleute im besonderen uns des Problems Land viel verständnisvoller und nicht so oberflächlich wie gehabt annehmen? Müssen nicht, und das sind schon befremdlich sachbezogene Themen, Raumplanung und Agrarpolitik auf ganz andere Beine gestellt werden als auf jene, die sie heute kaum noch tragen?

Harte Arbeit in einem eher undankbaren und undurchsichtigen Bereich steht da bevor. Wir können, bei unserem fest vorgenommenen Marsch aus der Krise, das ländliche Österreich und unsere ländlichen Mitbürger doch nicht achselzuckend zurücklassen.

4.3 Die einige Nation

Österreich als Land, als sozio-geographischer und als ethnographischer Begriff, ist von einer fiktiven »Einheit« aus natürlichen Gründen weit entfernt. Das ist nun einmal so. Es bereitet Sorgen, daß aus den soeben geschilderten weniger natürlichen Gründen auch die wünschenswerte Einigkeit im Land so sehr fehlt.

Österreich als Nation hingegen gilt heute von innen wie von außen als unbestritten. Das ist ein Zustand des politischen Segens, um den uns unsere Eltern und Großeltern in den Jahren der Ersten Republik, aber auch schon in der ausgehenden Monarchie glühend beneidet hätten. Wir vergessen dies allzu oft. Wir vergessen es sogar, wenn wir Leopold Figls beschwörendenRuf aus dem Dezember 1945 wie aus einer anderen Welt zu uns herüberschallen hören: »Glaubt an dieses Österreich!« Damals, am Anfang unserer Zweiten Republik, war wenig selbstverständlich, auch nicht die Nation. Sie war ein starker Wille jener, die an den Wiederaufbau herangingen; sonst nichts.

Wir ersparen uns hier jene Diskussionen über den Nationsbegriff, die noch vor zwanzig Jahren für gesamtösterreichische Aufregung sorgen konnten. Da sogar die Mehrheit der völkischen Minderheiten, die im Staatsgebiet leben, heute keine Schwierigkeit hat, sich als Österreicher und damit als der Staatsnation zugehörig zu empfinden, stört auch jene immer kleiner werdende Randschicht nicht, die sich aus – wie ihre Sprecher sagen – definitorischen Gründen darauf versteift, selbst als Österreicher nur der deutschen Nation anzugehören. Alles in allem ist der Schmerz ausgestanden. Unsere jungen Staatsbürger schauen verständnislos, wenn die Frage aufgeworfen wird, und es ist ausnahmsweise eine geschichtliche Verständnislosigkeit, über die man sich freuen kann.

Wir in Österreich wollen also Österreicher sein. Ernstlich strebt nicht einmal eine nennenswerte Zahl von Vorarlbergern in den Staatsverband der Schweiz hinüber. Jedenfalls darf man annehmen, daß wesentlich mehr umwohnende Nichtösterreicher Österreicher sein wollen als umgekehrt.

Die nationale Stabilität ist ein nunmehr gegebenes, aber auch zugleich ein nach und nach und nicht gerade im Spazierengehen erworbenes Kapital. Wir sollten darüber nicht sofort, wie über etwas Selbstverständliches, zur Tagesordnung übergehen. Ohne Anerkennung durch das Ausland, durch die Welt könnte es kein Österreich geben, wobei Anerkennung jetzt in seinem vielfachen Wortsinn verstanden sein will. Diese komplexe Anerkennung muß ständig wiedererworben werden: durch Offenheit nach außen, durch Hilfsbereitschaft gegenüber schwächeren Ländern, durch Einsatzfreudigkeit als Vermittler, durch ein Minimum an innerer politischer und wirtschaftlicher Stabilität, durch Freiheit und Förderung des Geistes und der Kunst, durch ein hohes Niveau an humanitärer Selbstherausforderung.

Was wir nicht brauchen, sind österreichische Gegenwartsmythen. Der sogar von Papst Paul VI. aufgegriffene Slogan von der »Insel der Seligen« hat uns vermutlich mehr geschadet als genützt. Wesen, Wirken und Erfolg der Sozialpartnerschaft: Hüten wir uns, uns in der internationalen Bewunderung so sehr zu spreizen, daß wir selbst schon an einen Mythos glauben. Jede staunende Anfrage sollte man als Gelegenheit nehmen, diesen »Mythos« aufzulösen in jene durchaus rationalen Komponenten, die eine solche Partnerschaft ermöglichen. Hinter diesem österreichischen Kabinettstück stecken viel Vernunft, Verzicht, Kompromiß und Arbeit; aber Zauberei findet sich keine.

Soviel eigentlich nur der Ordnung halber über das Nationsein, über das intakte nationale Einverständnis, seine Grenzen, Notwendigkeiten, Wurzeln. So lange der Österreicher sich nicht der Täuschung hingibt, seine krisenverschonte Nation könne abgekoppelt von den weniger verschonten Bereichen der Politik (in ihren vielfachen Ausformungen) gesehen werden, mag er darauf stolz sein. Der Stolz würde aber zur Illusion, wollte man die heile Nation als jenen ruhenden Punkt strapazieren, von dem aus sich die Krise aus den Angeln heben ließe.

Einen solchen zentralen Punkt zur Krisenbewältigung gibt es überhaupt nicht. Das unterscheidet ja Politik von Magie.

AUSBLICK

Der meistbegangene Fehler jener, die über die Zukunft nachdenken, besteht darin, daß sie sich selbst aus dem Prozeß heraushalten. »Die Frage, die wir alle uns stellen müssen, ist nicht, wie unsere Zukunft aussehen wird, sondern wie wir wollen, daß unsere Zukunft aussieht«, mahnt Gerhart Bruckmann, derzeit Österreichs verläßlichster Langfrist-Analytiker. (Die heller klingende Bezeichnung »Zukunftsforscher« ist von weniger wissenschaftlich verfahrenden Buchschreibern okkupiert.)

Zwei Ereignisse der Jahresmitte 1986 lassen diese Aufforderung zum Wollen in einem ganz besonderen Licht erscheinen. Beide Ereignisse, das läßt sich unschwer voraussagen, werden die Zukunft Österreichs stark mitbestimmen. Und beide Ereignisse könnten durchaus den Beginn des Endes der österreichischen Midlife-crisis markieren. Ich meine die nationalen Auswirkungen des auf alle Welt ausstrahlenden Reaktorunglücks von Tschernobyl; und ich meine die erste Wahlniederlage eines sozialistischen Bundespräsidentschaftskandidaten in der Zweiten Republik.

Österreich ist eines der Länder außerhalb der Sowjetunion, die durch die Katastrophe in der Ukraine unleugbar und direkt betroffen und geschädigt worden sind. Unsere Vernunft möchte allerdings gerne wissen, wie sehr die in Schillingbeträgen zu veranschlagenden Schäden nur durch eine irrationale Angst und Selbstbemitleidungswelle verursacht worden sind. Noch ist diese Frage unbeantwortet. Dem Gesundheitsminister sei jedoch nichts unterstellt; vor allem nicht, er hätte sich dem weit überzogenen Medienspektakel und der von diesem ausgelösten Hysterie rund um das Unglück entgegenstemmen und – ohne politischen Schaden für sich selbst – harmlosere Verfügungen treffen können.

Aber die anhaltende Scheu, die voraussehbaren Tschernobyl-bedingten Gesundheitsschäden – nicht in Österreich natürlich, sondern beinahe ausschließlich in der Sowjetunion – mit anderen von Technik,

Zivilisation und menschlicher Dummheit verursachten Krankheiten quantitativ zu vergleichen, stimmt nachdenklich. Die Aggressivität, mit der man bei solchen tabubrecherischen Versuchen niedergebrüllt wird, könnte sich vielleicht demnächst legen. Und auch das in ruhigerem Ton vorgebrachte »grüne« Argument, niemand wisse etwas über die späteren Folgen der Unglücksstrahlung und niemand dürfe daher auf Grund von wissenschaftlichen Annäherungswerten behaupten, Tschernobyl werde, sagen wir, unmittelbar »nur« 80 Tote und »nur« weitere 800 bis zum Jahr 1996 fordern, wird möglicherweise überdacht werden.

Denn ewig kann doch nicht einmal ein schweres Unglück in einem Kernkraftwerk die menschliche Ratio fesseln.

Mit der Kernkraft schlechthin und ihrer Zukunft allerdings schaut es nicht gut aus. Gerade das muß einem die Vernunft sagen, die auch die irrationale Stimmung so vieler Menschen in ihre Kalkulationen einzubeziehen hat. Selbst Österreich, das nun auf lange Sicht, mag sein auf immer, ohne Kerntechnologie bleiben wird, kann sich nicht um die ökonomischen Folgen dieser internationalen Erscheinung drücken.

Das alles hat noch nichts mit der Ansicht zu tun, Tschernobyl werde möglicherweise mithelfen, unter Österreichs Gesamtkrise einen Schlußstrich zu ziehen, oder werde zumindest die Trendwende (hinauf statt hinab) erleichtern. In dieser Hoffnung bestärkt mich zweierlei: die Haltung vieler unserer Politiker nach dem Unglück und das Vorgehen der Anti-Atom-Demonstranten in der Bundesrepublik Deutschland.

Es ist wirklich beschämend, die Reaktionen so mancher Spitzenpolitiker – nein, nicht etwa auf das Reaktorunglück, sondern auf die nachfolgenden Reaktionen zu registrieren. Da die Stimmung gegen die Atomenergie derart hell aufloderte, begannen diese Politiker nicht nur ihre Meinung über die Kernkraft zu ändern (was durchaus begreiflich bis honorig gewesen wäre), sondern ihre in der Vergangenheit gehabten und geäußerten Ansichten post festum umzufälschen. Sie versuchten, die eigene Geschichte umzuschreiben. Das aber ist etwas derart Abstoßendes, derart die letzten Reste von Glaubwürdigkeit Untergrabendes, daß man erwarten darf, dadurch werde sich die Ablöse einer überständigen Politikergeneration mit ihren seltsamen

Ansichten von dem, was der Staatsbürger hinzunehmen bereit ist, beschleunigen.
Was sich aber an außerparlamentarischer Macht- und Gewaltentfaltung unter den Anführern und Drahtziehern der bundesdeutschen Massendemonstrationen gegen Wackersdorf und Brokdorf verbirgt, dieser durch nichts als durch die verhetzte Angst von Tausenden und Abertausenden »legitimierte« Versuch, die demokratisch bestellten Staatsorgane niederzuzwingen: das müßte doch der staatsbürgerlichen Mehrheit auch in Österreich zu denken geben. Ich weigere mich anzunehmen, dergleichen könnte hierzulande mit breitem Wohlgefallen registriert werden. Sollte ich mit meiner Einschätzung recht haben, dann könnten die Zusammenstöße und Gewalttaten in Bayern und Holstein in der österreichischen Bevölkerung sogar eine entschiedene Frontstellung gegen derart gefährliche Exzesse im Mäntelchen einer Demonstrationspolitik bewirken.
Kann sein, daß auf diese Weise der nächste Versuch in Österreich, mit Demonstrationsgewalt ein weiteres Donaukraftwerk zu verhindern, scheitert. Wenn die Mehrheit der Staatsbürger gegenüber demokratiefeindlichen Aktionen nicht mehr schwankt und zweifelt, sondern spürt, wohin sie führen, ist bereits das wichtigste Stück Boden für eine funktionierende Politik zurückgewonnen.
Das zweite »Wendeereignis« könnte, wie gesagt, die SPÖ-Wahlniederlage vom 8. Juni sein. Nicht aus Lust an einer negativen Formulierung stelle ich Kurt Waldheims Erfolg hintan, sondern weil ich überzeugt bin, daß nicht in erster Linie das Bundespräsidentenamt einer einschneidenden Reform bedürftig ist. Vielmehr ist es die Sozialistische Partei. Österreich braucht eine SPÖ, die endlich die Bewältigung ihrer schweren Krise in Angriff nehmen kann. Diese Möglichkeit ist nunmehr eröffnet. Welcher Art immer die Konsequenzen der Präsidentenwahlen in der SPÖ sind: es wird sie geben. Denn so schwach, daß sie sich weiterschleppt wie bisher, ist diese große Partei nicht. Mit einiger Sicherheit steht in ihr auch die Besinnung darauf bevor, daß der bisherige Koalitionspartner die inkarnierte Krise darstellt. Dagegen sind Art und Zeitpunkt der FPÖ-Verabschiedung bloß taktische Fragen.
Obwohl somit, drei Jahre nach Bruno Kreiskys Abschied aus der Politik, die Weichen gestellt scheinen für die Fahrt aus der Krise heraus,

ist vor einer Illusion zu warnen: Ebensowenig, wie die SPÖ-Krise nur eine Krise der Regierungskoalition ist, ist die Gesamtkrise der Republik lediglich eine der Regierungsform oder der Großparteien oder der Politik. Ohne tiefgreifende politische Reform geht nichts, das ist richtig. Aber ohne wiedergewonnenes Wirtschaftsbewußtsein, ohne Überwindung der Neuen Weinerlichkeit, ohne innerösterreichischen West-Ost-Dialog und ohne Besinnung darauf, was Staat sein soll und Recht sein muß, bliebe jede Reform stecken.
Nicht der angstvolle Blick ins Jahr 2000, sondern die Überlegung, wie unser Österreich dann aussehen sollte; nicht ein Zurück in der Zeit unter dem Feldzeichen des Neokonservativismus, sondern ein Voran durch Auflösung sozialer Versteinerungen; weder die totale Hingabe an die grüne Alternative noch deren großflächige Bekämpfung, sondern die mühsame Sonderung der Spreu vom Weizen: dies wäre unsere Aufgabe, dies steht uns bevor.

LITERATUR

Gerhart Bruckmann (Hg.), Die Zukunft Österreichs, ORAC 1984
Erhard Busek, Mut zum aufrechten Gang, Herold 1983
Herbert Eisenreich, Die abgelegte Zeit, Edition Atelier 1985
Helmut Friedrichsmeier, 1999, Jugend und Volk 1979
Erich Fromm, Die Furcht vor der Freiheit, DVA 1983
Hugo von Hofmannsthal, Aufzeichnungen, S. Fischer 1973
Alois Huter, Demokratie und die Idee des Staates, ORF-Sendung 1984
Karl Jaspers, Vom Ursprung und Ziel der Geschichte, Piper 1983
Peter Kampits, Zwischen Schein und Wirklichkeit, ÖBV 1984
Anton Kofler, Parteiengesellschaft im Umbruch, Böhlau 1985
Hanns Koren, Regionale Identität, in: Josef Krainer (Hg.), Nachdenken über Politik, Styria 1985
Wolfgang Kraus, Nihilismus heute, Zsolnay 1983
Norbert Leser, Genius Austriacus, Böhlau 1986
Egon Matzner, Notizen zur Gesellschaftsreform, Europaverlag 1976
–, Wohlfahrtsstaat und Wirtschaftskrise, Rowohlt TB 1978
Robert Musil, Der Mann ohne Eigenschaften, Rowohlt 1981
C. Northcote Parkinson, Parkinsons neues Gesetz, Rowohlt TB 1982
Karl Pisa, Österreich – Land der begrenzten Unmöglichkeiten, DVA 1985
Fritz Plasser/Peter A. Ulram, Unbehagen im Parteienstaat, Böhlau 1982
Dieter Prokop (Hg.), Medienforschung, Band 2, Fischer TB 1985
Herbert Schambeck, Entwicklungstendenzen und Perspektiven des Föderalismus in Österreich, in: Stephan Koren (Hg.), Politik für die Zukunft 1984
Arthur Schopenhauer, Die Welt als Wille und Vorstellung, Diogenes 1977
Friedrich Torberg, Die Tante Jolesch, Langen Müller 1975
Manfried Welan, Das österreichische Staatsoberhaupt, Verlag für Geschichte und Politik 1986